Ein persönlicher Blick
hinter die Kulissen
von Apples wichtigstem
Business.

Tom Sadowski

App Store Confidential

MURMANN

INHALT

Für meine Eltern, Brigitta und Rüdiger Sadowski

Hi, ich bin Tom, Tom Sadowski. Ich war mal Rapper, Skilehrer, Unternehmensberater und bis vor kurzem Manager bei Apple. Nicht jeder interessiert sich für Rap oder Skifahren, aber so gut wie jeder nutzt Apps. Das sind diese kleinen Dinger auf deinem Smartphone, durch die du nicht mehr ins Fitnessstudio gehen musst, auch nicht in Videotheken, die dir dein nächstes Taxi besorgen und sogar deine Dates.

Apps haben unser Leben nachhaltig verändert. Für Apple ist der App Store ein Milliardengeschäft, für die Gesellschaft eine gigantische Jobmaschine und für einige Entwickler der Weg zum Multimillionär.

Die letzten zehn Jahre habe ich für Apple in Deutschland, Österreich und der Schweiz das App-Geschäft geleitet und zuvor das Marketing für iTunes. Ich bin immer noch Rap-Enthusiast und leidenschaftlicher Skifahrer. Ab sofort bin ich auch Autor.

Willkommen in meiner Welt!

App Store
CONFIDENTIAL

7

Sich zu erinnern, dass du sterben wirst, ist der beste Weg, um dem Irrglauben zu entkommen, dass du etwas zu verlieren hättest. Du bist schon entblößt. Es gibt keinen Grund, deinem Herzen nicht zu folgen.

Steve Jobs

Stay hungry, stay foolish

Zehn Jahre Apple – für mich war das ein guter Moment, um einmal in mich zu gehen und das Jahrzehnt Revue passieren zu lassen. Auch ein guter Moment, um Neues zu wagen und die Comfort Zone zu verlassen, dachte ich mir.

Nun würden viele sagen: „Wieso, du hattest doch den perfekten Job?" Ja, richtig! Aber ich fühlte mich nicht komplett, ich verspürte diesen inneren Drang, *weiterzugehen* und nicht einfach *weiterzumachen*. Oder wie Steve Jobs zu sagen pflegte: „Stay hungry, stay foolish." Ich folge gerne seinem Rat.

Dazu kommt, dass du bei Apple eigentlich immer im Schatten stehst – Produkte und Marke stehen im Vordergrund. Ich möchte aus dem Schatten treten, und dieses Buch ist dafür der erste Schritt. Aber zu Beginn möchte ich ein paar Dinge klarstellen:

Ich bin außerordentlich dankbar für die letzten zehn Jahre. Ich habe eine Menge gelernt, viele tolle Leute getroffen und nicht zuletzt gutes Geld verdient. Natürlich sind mir auch einige Idioten begegnet, aber die gibt es überall, und ich werde darauf verzichten, irgendwelche Leute persönlich zu diskreditieren. Ich werde auch keine Geheimnisse verraten und irgendwelche vertraulichen Angelegenheiten enthüllen. Alle Fakten aus diesem Buch sind öffentlich zugänglich.

Ich war nie ein richtiger Apple-Jünger, der blind der Company folgte, ohne Dinge infrage zu stellen, muss aber heute sagen, dass Apple ein wirklich tolles Unternehmen ist. Nicht nur hochgradig profitabel, sondern sich auch seiner Verantwortung bewusst gegenüber Umweltschutz oder Datenschutz. Davon bin ich überzeugt. Und ich hoffe, dass das noch lange so bleiben wird.

Mein Antrieb für dieses Buch sind im Wesentlichen drei Dinge:

1. Ich möchte aufklären

Viele Menschen, sehr viele Menschen nutzen heutzutage Apps. Doch nur die wenigsten haben eine Vorstellung davon, wie groß das Geschäft eigentlich ist, wie es funktioniert, wer die Drahtzieher sind. Natürlich gibt es eine Vielzahl von Büchern, Filmen und Podcasts über Apple, auch vieles übers Programmieren mit Swift. Aber nichts über das App-Geschäft an sich, geschweige denn von jemandem, der sich wirklich damit auskennt.

Dabei ist das Thema doch wirklich spannend. Und wer weiß, vielleicht inspiriert dieses Buch ja sogar den einen oder anderen, das nächste Instagram oder Tinder zu erschaffen. Europa könnte das definitiv gut gebrauchen – und ich könnte eventuell sogar dabei helfen. Womit wir zu Motivation Nummer 2 kommen.

2. Ich möchte helfen

Ich habe mein Buch auch für junge App-Entwickler geschrieben. Ich möchte, dass ihr das App-Geschäft besser versteht und darauf basierend die richtigen Entscheidungen trefft. Eure Reise beginnt in den meisten Fällen nicht in den USA. Sie beginnt in Berlin, London, Paris oder Hintertupfing und führt euch vielleicht auch ins Silicon Valley. Die entscheidende Frage ist, wie ihr dahin kommt. Der Weg zum Erfolg ist immer hart und steinig, aber vielleicht kann ich euren verkürzen. Ich weiß, wie die Dinge funktionieren, und möchte mein Wissen mit euch teilen.

In diesem Buch findet ihr Insidertipps aus zehn Jahren Apple: Wie funktionert das App-Geschäft, was sind die Erfolgsfaktoren für junge App-Entwickler, wie schaffe ich es, im App Store gefeaturt zu werden, und wie komme ich überhaupt mit Apple in Kontakt? Zudem eine Einschätzung, wohin die Reise meiner Meinung nach gehen wird. Und die Ermutigung, euch nicht nur an Apps zu versuchen, die uns unterhalten. Sondern auch an Apps, die unser Leben nachhaltig verbessern, einen Unterschied machen. Klar: Gute Ratschläge müssen immer abgestimmt sein auf den jeweiligen Use Case, die Zielgruppe und das Zielland. Insofern kann ein Buch zwar wertvolle Impulse geben, aber kein individuelles Coaching ersetzen.

3. Ich möchte unterhalten

Ich frage Start-ups immer nach ihrer Geschichte. Es ist heutzutage essenziell, sein Produkt in einem Pitch so zu präsentieren, dass es in den Köpfen hängen bleibt. Oder zumindest Interesse weckt: Hey, ich will mehr erfahren. Über euer Produkt und über euch. Das ist aus meiner Sicht bei einem Buch nicht anders. Inhalte lassen sich besser transportieren, wenn sie unterhaltsam sind. Realitätsnah. Persönlich. Ich habe nicht nur in den letzten zehn Jahren eine Menge erlebt, das euch interessieren könnte. Bevor ich also auf das App-Geschäft zu sprechen komme, erzähle ich euch im ersten Teil des Buches, wie ich überhaupt zu Apple kam. Nicht ganz chronologisch. Erst einmal mitten rein ins Geschehen und dann mehr oder weniger Schritt für Schritt: Schule, Rapper, Studium, Accenture, studiVZ … und ich lass euch im Weiteren teilhaben an meinen vielen spannenden Begegnungen: unter anderem mit Tim Cook höchstpersönlich. Keine Ahnung, ob es mir gelingt, euch gut zu unterhalten, ich habe zuvor noch nie ein Buch geschrieben. Aber das war zumindest meine Absicht.

Ich bin gespannt auf eure Meinung, die ihr mir auch gerne über Instagram oder LinkedIn mitteilen könnt. Ganz nach guter alter Apple-Keynote-Tradition habe ich die letzten Monate unter strengster Geheimhaltung an diesem Projekt gearbeitet. Mit drei Ausnahmen – davon später mehr ;-)

Viel Spaß beim Lesen!

Tom

Ich bin genauso stolz auf das, was wir nicht machen, wie auf das, was wir machen.

Steve Jobs

Prolog

Berlin, 29. April 2010, 11.25 Uhr. Ich betrat das Axel-Springer-Gebäude in der Axel-Springer-Straße zum ersten Mal. Auch wenn ich es mir nicht eingestehen wollte: Es war etwas Besonderes. Anders als andere Meetings, irgendwie größer. Auch rückblickend. Dieses riesige Gebäude, der Straßenname, eine Sicherheitskontrolle wie am Flughafen. „Tom Sadowski von Apple, ich habe einen Termin bei Gerald Selch", sagte ich. Selch war damals Unterhaltungschef der *Bild*-Zeitung und Mitglied der Chefredaktion. Die Dame am Empfang lächelte mir zu und rief vermutlich die Assistentin von Selch an. Wie so oft spürte ich auch hier – oder bildete es mir zumindest ein – eine gewisse Verwunderung am Empfang, wenn ich im Namen von Apple eincheckte. Apple kannte natürlich jeder, aber Apple kam doch nie persönlich zu Besuch. Die Firma wirkt auf die meisten Menschen unnahbar, und plötzlich hat man da ein Gesicht vor sich. Kurze Zeit später saß ich in der Boulevard-Schaltzentrale, um die letzten Details unserer Kooperation zu verabschieden.

Was hatten wir vor? Als eine meiner ersten Amtshandlungen als iTunes-Marketingchef wollte ich eine Kooperation mit dem reichweitenstärksten deutschen Medium, der *Bild*-Zeitung, eintüten. Die Idee war so simpel wie genial: Die bekanntesten Promis aus Sport, Kultur, TV und Politik stellen auf der letzten Seite des Blattes ihre Lieblingssongs einem Millionenpublikum vor. Die Erlöse der generierten Downloads sollten an die Hilfsorganisation „Ein Herz für Kinder" gehen. Um die Promis zu gewinnen, hatte *Bild* die Connections, wir die Marke und Glaubwürdigkeit. Kurz darauf kam Selch in den Meetingraum. Er wirkte von Anfang an geschäftig, redete sehr schnell, alles ging zack, zack:

„Hier ist die Liste der Promis, die wir gerne dabeihätten", sagte ich. Die Liste enthielt Namen wie Thomas Gottschalk, Heidi Klum, Boris Becker, Guido Westerwelle und viele andere. „Glauben Sie, dass wir die bekommen?" „Überhaupt kein Problem", erwiderte Selch, „mit den meisten haben wir schon gesprochen, die sind dabei." „Super!", sagte ich. Wir klärten noch ein paar Details, vereinbarten nächste Schritte, legten das Veröffentlichungsdatum fest, und rund 30 Minuten später verließ ich das Gebäude wieder. „Das wird groß!", dachte ich mir.

Eine Woche später, ich war in Hamburg, bekam ich in der Früh um 6.55 Uhr eine E-Mail, der Originaltext: „Tom, I think we need to pull this promotion. There have been a number of questions raised by different teams around the business about the suitability of working with *Bild* as a brand. Apple has a policy of not advertising in the title due to its liberal content inclusions. Working on major iTunes promotions makes various people very uncomfortable. I'm sorry this comes so late in the day – it is a decision that should have been made a long time ago."

Ähm, kleinen Moment, richtig gelesen? Wir haben die Möglichkeit, bei einem Millionenpublikum kostenlos Werbung zu machen, dazu unterstützen uns (ebenfalls kostenlos) die größten Promis des Landes, und wir sagen das Ganze zwei Tage vor der geplanten Veröffentlichung ab, weil es in der *Bild* hier und da etwas nackte Haut zu sehen gibt?!

Genau so war es. Und nach all der Vorbereitung war es mir hochgradig peinlich, Selch und Sony Music – ebenfalls mit an Bord – anzurufen, um sie kurz vor Veröffentlichung über das Aus der Aktion zu unterrichten.

Das war die erste Marketingaktion, die ich als iTunes Head of Marketing verantwortete beziehungsweise absagte, und sie sagt viel über das Unternehmen aus, für das ich daraufhin weitere zehn Jahre mit Freude gearbeitet habe: Apple.

Ihr könnt keinen Zusammenhang herstellen, indem ihr vorausschaut. Ihr könnt ihn nur herstellen, indem ihr zurückschaut. Also müsst ihr darauf vertrauen, dass sich die Punkte in der Zukunft irgendwie verbinden. Vertraut eurem Bauchgefühl, eurem Schicksal, eurem Leben, eurem Karma, was auch immer. Dieser Ansatz hat mich nie enttäuscht und hat einen großen Unterschied in meinem Leben gemacht.

Steve Jobs

https://news.stanford.edu/news/2005/june15/jobs-061505.html

Rewind: Apple ruft an

Hamburg, Schanzenviertel, 7. Mai 2009, mittags. Ich saß gerade bei bestem Wetter in meinem Lieblings-Fischimbiss „Schabi" in der Schanze und genehmigte mir eine Portion Gambas aus der Pfanne, als mein Handy klingelte. „Hi, this is Kathy (Name geändert) from Apple, is that Tom?" Noch kauend erwiderte ich: „Yes, how can I help?" Kathy erzählte mir, dass Apple jemanden sucht, der sich um das Marketing von iTunes im deutschsprachigen Raum kümmert und ich ihr empfohlen wurde. „Vielen Dank", sagte ich, „aber ich habe mich bereits für eine andere Option entschieden." Ob ich denn schon den Vertrag unterschrieben hätte, lautete die nächste Frage. „Nein", antwortete ich. Dann solle ich doch wenigstens einmal nach London kommen für ein unverbindliches Gespräch und könne es mir ja dann immer noch überlegen. „Stimmt eigentlich", dachte ich mir und sagte, dass ich mich am nächsten Tag noch mal melden würde.

Vier Tage später saß ich im Flieger von Hamburg nach London. Damals war ich bei studiVZ und wollte weg. In der Tat hatte ich schon für eine COO-Position bei einem aufstrebenden Hamburger Fashionlabel mündlich zugesagt. Doch der etwas überlastete Gründer bekam es nicht hin, mir den Vertrag zu schicken, und ich war ein wenig stinkig. Also wollte ich mir zumindest mal anhören, was Apple zu sagen hatte.

iTunes war damals noch eine kleine Familie. Das Office ist heute noch in der Hanover Street 1, in unmittelbarer Nähe der U-Bahn-Station Oxford Circus. Nur arbeiten dort inzwischen zehnmal so viele Leute wie damals. Ich betrat also die heiligen Hallen, checkte ein und war relativ entspannt: Was hatte ich schon zu verlieren?

Heute ist es üblich, dass Bewerber durch mindestens zehn Bewerbungsgespräche gehen, nachdem sie über ein Videoassessment ausgewählt wurden. Sie werden dann mit Fragen von Personen aus verschiedensten Funktionsbereichen konfrontiert und müssen oft auch eine kleine Fallstudie präsentieren. Bei mir war der Prozess aber relativ kurz. Vermutlich auch, weil Apple wusste, dass sie in meinem Fall schnell sein mussten.

Ich hatte ein intensives Gespräch mit der Recruiterin, danach ein Interview mit Ben King (inzwischen bei Dazn) und schließlich ein Gespräch mit Oliver Schusser, der heute Apple Music weltweit verantwortet.

Ich erinnere mich vor allem noch an die Frage von Ben, welche lokale Brand ich aus Marketingsicht inspirierend fände und warum. Ich erzählte ihm von der Bionade, die nicht nur eine Produktinnovation unter den damaligen Limonaden darstelle, sondern auch eine sehr smarte Marketingstrategie verfolge, bla, bla, bla. Inzwischen habe ich gelernt, dass sich Bionade eigentlich nie groß Gedanken über Marketing gemacht hat und auch nie ein Szenegetränk sein wollte. So ist zum Beispiel der Kronkorken keine Marketingidee, sondern schlichtweg aus der Tatsache heraus entstanden, dass der Hersteller zuvor Bier abfüllte. Hört euch mal den „Bewohnerfrei“-Podcast von Tobias Beck, Folge 335, an. Hier erzählt der Erfinder Peter

Der „Bewohnerfrei"-Podcast mit Tobias Beck #335: Die Bionade-Story

Kowalsky eindrucksvoll, wie das damals mit seiner Bionade gelaufen ist. Sehr hörenswert.

Wie so häufig in der Berufswelt ging es nicht nur darum, *was* ich erzählte, sondern auch *wie* und *warum* ich es erzählte. Denn *was* ich über Bionade sagte, war ja – wie sich im Nachhinein herausstellte – ziemlicher Schwachsinn. Trotzdem konnte ich alle von meinen Marketingfähigkeiten überzeugen.

Kurze Zeit später bekam ich ein schriftliches Angebot, sagte Apple zu und dem Fashionlabel ab. Der Gründer dieser Firma, dessen Namen ich nicht nennen möchte, war übrigens hochgradig angefressen über meine Absage. Hätte er mir damals zeitnah ein schriftliches Angebot geschickt, wäre ich eingestiegen. Und wer weiß, wo ich dann heute wäre. Aber so ist das manchmal.

Nun war ich also für das Marketing von iTunes im deutschsprachigen Raum verantwortlich. Diese Stelle war einzigartig, und iTunes war damals so ziemlich das Coolste, was es gab.

Wie geil ist das denn?
Du fragst mich, was denn?

Ich sag dir das denn,
Wie geil ist das, wie geil ist das?
Wie geil ist das denn?

Sündikat
„Wie geil ist das denn?"

Es ist besser, ein Pirat zu sein, als der Marine beizutreten.

Steve Jobs

Der Weg dorthin

Ich möchte euch nicht lange mit meiner Lebensgeschichte langweilen. Aber da ich sehr oft gefragt werde „Wie bist du denn zu Apple gekommen, und was hast du davor gemacht?", hier ein paar Etappen aus meinem Leben.

Schulzeit

Auf dem Schulhof war ich eher eines der „cool kids". Im Gegensatz zu vielen Managern, mit denen ich mich heute umgebe. Das meine ich völlig wertfrei. Fast könnte man sagen: Ich habe es zu etwas gebracht, *obwohl* mir der Antrieb, es allen später einmal zeigen zu wollen, fehlte.

Ich wuchs zusammen mit meinem älteren Bruder im Bremer Stadtteil Schwachhausen auf, neben Oberneuland eine der besseren Wohngegenden der Stadt. Ich hatte einen großen Freundeskreis, meistens auch eine Freundin und zahlreiche Hobbys. Ich hatte wohl alles, was man sich für eine schöne Kindheit vorstellt, und vor allem wirklich tolle Eltern.

Meine Schulnoten hingen im Wesentlichen von meinen Lehrern ab: Schafften sie es, mich zu begeistern, oder nicht? In der neunten Klasse hatte ich mal in Französisch und Geschichte eine Fünf, Versetzung gefährdet. Was sollte ich bitte mit Französisch anfangen? Und wen bitte interessiert, wann genau Napoleon vor ungefähr 200 Jahren irgendwo in Russland einmarschierte?!

Mein größter Antrieb, an den Noten etwas zu ändern, war auf gar keinen Fall, mit den Leuten „unter mir" in eine Klasse gehen zu müssen. Also setzte ich mich hin, tat, was getan werden musste, und verbesserte meine Note in Französisch und Geschichte im Halbjahr darauf von fünf auf zwei.

Französisch ist übrigens wirklich eine schöne Sprache und wird von ungefähr 300 Millionen Menschen weltweit gesprochen. Und Napoleons Russlandfeldzug begann 1812. In der Nacht zum 24. Juni jenes Jahres befahl er die Überquerung des Njemen und startete damit den Angriff. Zum Lernen gibt es übrigens auch wirklich gute Apps …

Ich denke, dieses Beispiel beschreibt ganz gut, was mich antreibt. Ich war schon immer ein Wofür-Mensch. Wenn ich weiß, *wofür* ich etwas tue, kann ich Berge versetzen. Wenn ich aber den Sinn nicht erkenne, fällt es mir sehr schwer, überdurchschnittliche Ergebnisse zu erzielen. Mir ist es bis heute ein absolutes Rätsel, wie man über Jahre hinweg einen Job machen kann, ohne zu wissen, *wofür.* Glaubt mir, es gibt eine Menge Leute da draußen, die das tun – und ich meine mit *wofür* nicht „Geld verdienen". Wahrscheinlich gehört ihr, die ihr dieses Buch lest, gerade nicht dazu.

Mein Abitur absolvierte ich schließlich am Hermann-Böse-Gymnasium in Bremen mit einem Notendurchschnitt von 2,3. Nicht Bombe, aber okay.

In meiner Freizeit ging ich schon immer einer Vielzahl von Hobbys nach. Vielseitigkeit ist sicher eine meiner Stär-ken, aber gewissermaßen auch meine Schwäche, denn man kann nicht in allem gut sein. Ich lernte Klavier, Gi-tarre, Schlagzeug, spielte Hockey, Basketball, Golf. War erst Schlagzeuger, dann Sänger und Rapper einer Band und war schon immer sehr engagiert, wenn es darum ging, Ideen in die Tat umzusetzen. So organisierte ich zum Beispiel die Abi-Abschlussfeier unseres Jahrgangs unter dem Motto „Bayern". Die Aula wurde zum Bierzelt umfunktioniert, und meine Jungs und ich studierten einen Schuhplattler ein. Erstaunlicherweise war die Abifeier bei den Lehrern ebenso beliebt wie bei den Schülern.

Wenn du dir etwas gut überlegt hast, es gut planst und dann entschieden umsetzt, wird es in den allermeisten Fällen ein Erfolg. Die Ungewissheit bleibt natürlich bis zum Schluss. Aber diese Erkenntnis hat mich häufig darin bestärkt, Dinge einfach zu machen. Das gilt übrigens auch für dieses Buch, das mir so manche schlaflose Nacht bereitet hat.

Rapper

In der neunten Klasse gründete ich meine erste Band, und wir nannten sie Juicy Fruit, inspiriert von einem 80er-Jahre-Funksong von Mtume, den ich in der Plattensammlung meines älteren Bruders fand.

MTume: „Juicy Fruit"

Zunächst war ich Schlagzeuger der Band, aber wir merk-ten schnell, dass wir einen Sänger brauchten. Also sangen Wolle, Fabse und ich den Titel „Your Song" von Elton John

Elton John: „Your Song"

und nahmen uns auf Kassette auf. Für die Generation Y: Kassetten sind Tonträger zur Wiedergabe von Musik, die man über sogenannte Kassettenrekorder abspielte. Mixtapes, also selbst zusammengestellte Kassetten mit den besten Songs, waren damals *der* heiße Scheiß. Vielleicht vergleichbar mit Playlists, nur dass der Aufwand der Erstellung und damit auch die Wertschätzung des Empfängers um ein Vielfaches höher waren. Danach hörten wir uns gemeinsam das Band an und beschlossen, dass ich mich noch am erträglichsten anhörte. Und zack: Die Band hatte einen Sänger. Ich werde heute noch von Weggefährten von damals angesprochen, wann es denn endlich ein Juicy-Fruit-Revival gibt. Wir arbeiten dran :)

Juicy Fruit war eine Art erste deutsche Boyband mit Vorbildern wie Kool & The Gang und Wham!. Wir – vor allem unser musikalischer Mastermind Wolle – komponierten selbst, spielten englischsprachige Songs und hatten ambitionierte Ziele. Ich war Frontmann, und die ersten Anzeichen meines Marketing-Gens machten sich schnell bemerkbar. Ich kümmerte mich um die Show, organisierte Tänzerinnen, ließ Poster drucken, verteilte Flyer.

Am 28. September 1989 hatten wir unser erstes großes Konzert in der Aula des Kippenberg-Gymnasiums in Bremen. Aufgrund unserer Flyeraktion war der Saal so voll, dass sich der Boden leicht senkte, was am Tag darauf in der Lokalpresse zu lesen war. Über Nacht wurden wir auf der Schule eine Art Teenieschwarm und zugleich Hassobjekt der Anti-Popper-Fraktion. Es folgten Auftritte in den relevanten Clubs der Stadt („Studio auf den Höfen", „Lila Eule", „Stubu"), auf dem Stadtfest und sogar im Lokalfernsehen „Buten un Binnen". Für uns 16-Jährige ein Riesenerfolg.

Gegen Ende des Abis trennten sich unsere Wege, und ich gründete eine neue Band mit dem Namen „Die Minister für Musik und Lebensstil". Etwas langer Name, ja, aber wir fanden's cool. Mit Piet am Keyboard, Jörn an der Gitarre und mir am Mikrofon waren wir angetreten, die deutschsprachige Musiklandschaft zu revolutionieren. Unsere Musik war eine Art deutschsprachiger Rap-Jazz-Soul, ziemlich innovativ zu seiner Zeit. Neben meiner Funktion als Rapper und Sänger kümmerte ich mich auch wieder um die Vermarktung. Damals war Sony Music noch in Frankfurt und Universal in Hamburg. Wir schrieben den Song „Wir wollen den Vertrag!", stürmten mit einem Ghettoblaster bewaffnet so manches Label und bekamen nach einem legendären Konzert im damaligen Bremer „Studio auf den Höfen" schließlich einen Plattenvertrag bei Sony Music.

Es folgten Studioaufnahmen, Videoshootings, Konzerte und sogar ein paar Fernsehauftritte. Wir hatten eine super Zeit. Das alles passierte noch vor YouTube. Unsere Songs von damals findest du aber, wenn du bei Apple Music, Spotify, Deezer, Amazon Prime Music und allen anderen Plattformen nach „Best of Sündikat" suchst. Warum unter diesem Namen? Label-Politik!

Wir mussten nicht nur unseren Bandnamen ändern, aus „Die Minister" wurde „Sündikat". Wir durften auch nicht unsere präferierte Single „Zu spät" veröffentlichen, da die Fantastischen Vier (ebenfalls bei Sony) „Sie ist weg" rausbrachten, thematisch waren sich die Songs angeblich zu ähnlich. Die von der Plattenfirma ausgewählte Single „Ich mach es überall" fiel leider im Radio durch. Superdämlich, aber so läuft es oft, und wir waren zu unerfahren, um die richtigen Entscheidungen durchzuboxen. Kurz darauf trennten wir uns von der Plattenfirma, und ich kümmerte mich von da an um mein Studium. Dass ich später noch mal beruflich mit Musiklabels zu tun haben sollte, war zu diesem Zeitpunkt nicht absehbar.

Der große Durchbruch blieb also aus, aber ich hatte etwas Entscheidendes gelernt: Wenn du etwas wirklich willst und dafür brennst, dann kannst du alles schaffen, egal wie deine Ausgangsposition ist. Ich bin eher zufällig Sänger geworden und war auch nicht besonders talentiert. Aber ich habe an uns geglaubt, und schließlich hat auch Sony Music an uns geglaubt.

So nie (Sony) haben wir geglaubt, doch es ging schief.
Träume sind geplatzt wie 'n Präservativ.
Heute werden die Karten neu gemischt, wir geben aus.

Dies hier ist 'n Royal Flash und das meine Faust.

Sündikat
„Wo?"

Studium

Jetzt also Fokus auf den Abschluss des Studiums. Ich studierte bereits eine Weile an der Uni Münster BWL, wobei ich wie gesagt viel Zeit komplett der Musik gewidmet hatte. Mein schlechtestes Fach im Abitur war Wirtschaft, was mich nicht daran hinderte, Wirtschaft zu studieren.

Als Schwerpunkte wählte ich Marketing. Die etwas älteren Marketingexperten unter euch kennen vielleicht noch Heribert Meffert: damals die Marketingkoryphäe schlechthin und in Münster an der Uni. Meine Diplomarbeit absolvierte ich an seinem Lehrstuhl zum Thema „Besonderheiten der Preisdifferenzierung im Verkehrsdienstleistungsbereich unter Berücksichtigung von Akzeptanzproblemen". Und ja, die Arbeit war ungefähr so spannend, wie ihr Titel klingt.

Die Musik hinderte mich daran, für längere Zeit ins Ausland zu gehen, sonst hätte ich das auf jeden Fall getan. Immerhin verbrachte ich aber meine Semesterferien einmal in London und einmal in Barcelona und machte diverse Praktika bei Unilever, Kraft Jacobs Suchard und einer mittelständischen Unternehmensberatung.

Insgesamt hatte ich eine tolle Studienzeit, und Münster war zum Studieren perfekt. Ich habe gelernt, mich durch Themen durchzubeißen, die mir nicht liegen. Und ich habe ein paar Freunde fürs Leben gefunden, von denen die meisten heute auch im Digitalgeschäft unterwegs sind.

Würde ich heute noch mal studieren? Kommt drauf an. Aus persönlicher Sicht ja. Das Studium bietet dir eine super Gelegenheit, in ein neues Umfeld einzutauchen, dein Leben selbst zu organisieren, dich beruflich zu orientieren und einen neuen Freundeskreis aufzubauen, den du möglicherweise dein Leben lang behältst.

Ich bau 'n Kaffeefilter aus Klopapier.
Mann, der Kaffee schmeckt echt scheiße und nach Papier.
Und ich beiße in das Toast, das ich doch noch fand.
Stelle fest, dass es lebt. Nun ist es weggerannt.

Sündikat
„Single Leben"

Danach wird dein Alltag zumindest für eine längere Zeit nicht mehr so frei und sorglos sein wie zuvor, denn es folgen Chefs, eigene Teams, Zielvorgaben und zu erreichende Boni. Für viele privat auch Ehe, Kinder, Wohneigentum und zu bezahlende Hypotheken. Alles Dinge, die dich in deiner persönlichen Freiheit einschränken, da du von nun an nicht nur für dich, sondern auch für andere die Verantwortung trägst. Warum solltest du die Studienzeit also nicht mitnehmen, bevor du dich ins sprichwörtliche Hamsterrad begibst?

Aus beruflicher Sicht sehe ich das etwas anders. Wissen ist nicht mehr an ein Studium gekoppelt, und ebenso wie in der Schule lernst du auch an der Uni eine Menge Dinge, die du später nicht brauchst. Wenn du eine Corporate-Karriere anstrebst, ist ein Studium häufig noch Voraussetzung. Wenn du aber bereits eine starke Geschäftsidee hast, gründen willst und bereit bist, ein paar tolle Studienjahre dafür zu opfern, dann ist Learning by Doing wohl der schnellere Weg, als ein paar Jahre mit teils unnützem Wissen zu vergeuden.

Wie so häufig kommt es also darauf an, was du willst und welche Opfer du bereit bist, dafür zu bringen.

Skifahren

Neben meiner Leidenschaft für die Beats habe ich auch eine Leidenschaft für die Berge. Mein Vater hat in Rosenheim studiert, entdeckte dort das Skifahren und stellte mich infolgedessen für einen Norddeutschen recht früh auf die Skier. Parallel zum Studium und zur „Musikkarriere" machte ich eine Ausbildung zum Ski- und Snowboardlehrer beim Deutschen Skiverband. Danach leitete ich diverse Jugendskifahrten für den Bremer Skiclub. Mit über 3500 Mitgliedern übrigens einer der größten Skiclubs Deutschlands, der jedes Jahr über 30 Skifahrten für alle Altersgruppen organisiert. Im Vergleich: Der Skiclub Garmisch hat 1400 Mitglieder.

St. Moritz, Obertauern, Andermatt, Kitzbühel, Ischgl, Planneralm – wir hatten eine unglaublich tolle Zeit in den Alpen. Und ich bin schon etwas stolz darauf, vielen norddeutschen Kids die Liebe zum Skifahren vermittelt zu haben. Und dabei ging es nicht nur darum, gut auf der Kante zu stehen, sondern auch um die Organisation gemeinsamer Hüttenabende, das Management einer Selbstversorgerhütte und natürlich das Gefühl, morgens als Erster seine Spur in den Schnee zu ziehen.

Ich kann jedem nur empfehlen, sich für sein Hobby zu engagieren. Eine Tradition, eine Leidenschaft weiterzugeben, unvergessliche Erlebnisse zu schaffen, das gibt dir unglaublich viel. Es geht nicht um Geld, nicht mal um die Dankbarkeit, die du von den Teilnehmern erhältst. Es geht um dieses Gefühl, das dir sagt: Das war gut, das hat andere inspiriert, und du warst maßgeblich dafür verantwortlich.

Ich bin immer noch Mitglied im Bremer Skiclub. Inzwischen auch im Skiclub Lenggries, der eher rennsportorientiert ist. Aber heute ist Skifahren für mich vor allem Ausgleich zum Beruf. Und wenn ich mit einem Wort zusammenfassen müsste, was Skifahren für mich bedeutet, wäre das: Freiheit.

Meine Hände sind befreit vom Smartphone. Mein Kopf ist frei vom Beruflichen und konzentriert sich auf das Hier und Jetzt. Und mein ganzer Körper fühlt sich frei angesichts der glasklaren Luft, die ich atme, und der imposanten Kulisse, die an mir vorbeizieht. Wie unbedeutend erscheinen mir da die Alltagssorgen von gestern in Anbetracht der Bergwelt von heute.

Genieße das Gefühl.
Lass dich einfach schweben. Dieses Leben ist zu schön, um unbemerkt vorbeizugehen.
Komm mit auf die Reise in ein wunderbares Land.
Weit weg von hier, es liegt in deiner Hand.
Willst du es betreten? So folge mir auf meinem Weg in eine andere Zeit. Bist du bereit?

Sündikat
„Über den Wolken"

Und eines habe ich noch gelernt: Alles ist relativ. Während ich mein halbes Leben lang dachte, ich sei ein super Ski-

fahrer, hat mich meine kleine Tochter gelehrt, was Skifahren bedeutet. Sie stand schon im Alter von zwei Jahren
das erste Mal auf den Brettern und hat heute im Alter von
acht Jahren einen klaren Berufswunsch: Weltcupfahrerin.
Bitte denk immer daran, dass du ohne mein Training und
Mamas Fahrdienst nie so weit gekommen wärst. Und war-
te in Zukunft auf der Piste gefälligst auf uns! ;-)

Bewerbung

2000 beendete ich mein Studium gerade noch mit einem
Zweier-Notendurchschnitt. Mal wieder nicht herausra-
gend, aber auch nicht aussichtslos. Also wie sollte, wie
konnte es weitergehen? Während heute nach meiner
Erfahrung viele Absolventen auch „gründen" und „sich
selbst verwirklichen" wollen, stand damals klar „Geld verdienen" und „gesellschaftliche Anerkennung" ganz oben
auf der Prioritätenliste. Und davon war auch ich nicht frei.
Unternehmensberater oder Manager bei einer großen
Marke in der Autoindustrie oder der Konsumgüterbranche
waren die begehrtesten Jobs für Marketeers. Das IT-The-
ma kam erst etwas später.

Zwei Praktika im Marketing bei Unilever und Kraft Jacobs
Suchard hatte ich bereits absolviert. Ein weiteres in einer
mittelständischen Unternehmensberatung. Mir erschien es
am schlauesten, erst einmal in die Beratung einzusteigen,
aber da war ich nicht der Einzige. McKinsey und die anderen Strategieberatungen interessierten sich nicht für Leute
ohne Einser-Durchschnitt. Bei Andersen Consulting (heute
Accenture) sah ich eine Chance. Auf einer Bewerbermesse
quatschte ich die Personaler so lange voll, bis sie mich zu

einer Recruiting-Veranstaltung in Südfrankreich einluden: drei Tage Workshops, Präsentationen, Interviews – danach hatte ich einen Job. Das Beste daran, es ging nicht sofort los. Und so fuhr ich mit meinem grünen Golf von Südfrankreich erst einmal weiter nach Barcelona (hierzu gleich mehr).

Mal wieder hatte ich gelernt: Hartnäckigkeit zahlt sich aus. Du musst kein Einser-Abi haben, um einen Top-Job zu bekommen, aber du musst das Gespräch suchen und dann natürlich auch im Gespräch überzeugen.

Barcelona

Wie bereits erwähnt, war ich während der Semesterferien einmal in London und einmal in Barcelona. London war toll, aber in Barcelona habe ich mich verliebt. Warum? Das ist schwer in Worte zu fassen. Es ist ungefähr so wie mit der Frau oder dem Mann eures Lebens. Ihr wisst, was ihr objektiv an ihm oder ihr schätzt, und auch, was euch stört. Klar mag ich das spanische Essen, die spanische Kultur, die Menschen, das Meer und die Nähe zu den Pyrenäen. Und mich stört der übermäßige Tourismus und die damit einhergehende Verschmutzung der Stadt. Aber dann ist da dieses gewisse Etwas, was man wohl Liebe nennt und was sich schwer in Worte fassen lässt.

Ich packe jetzt die Sachen, renne einmal um die Welt, bevor mir hier die Decke auf den Kopf fällt.

Ich hab so doll Fernweh, ich will die ganze Welt sehn, mit fremden Leuten ausgehn, ich habe so doll Fernweh ...

Sündikat
„Fernweh"

Auf jeden Fall entschied ich mich nach dieser ersten Begegnung, am Ende des Studiums mehr Zeit in Barcelona zu verbringen. Zwischen den schriftlichen und mündlichen Abschlussprüfungen waren immer ein paar Monate Zeit, die ich dafür nutzte – während die meisten meiner Mitstudenten in Münster blieben und Party machten. Von Barcelona aus bewarb ich mich dann auch für Jobs in Deutschland, fuhr zur oben erwähnten Jobmesse und bekam schließlich mein erstes Jobangebot. Die Kombination „abgeschlossenes Studium", „Arbeitsvertrag unterzeichnet" und „paar Monate Spanisch lernen in Barcelona ohne schlechtes Gewissen" hätte besser nicht sein können.

Wahrscheinlich war Barcelona die beste Zeit meines Lebens. Ich genoss die Stadt in vollen Zügen, ließ weder kulturell noch partytechnisch was anbrennen und zog schließlich bei einer liebenswürdigen Spanierin ein, die kurz darauf meine Freundin wurde. Danach konnte ich Spanisch richtig. Schaut euch mal den Film „L'Auberge Espagnole" an. So ungefähr war meine Zeit damals.

„L'auberge espagnole –
Barcelona für ein Jahr"

Es passiert nicht oft, dass sich das Angenehme so gut mit dem Nützlichen verbinden lässt. Aber wenn es passiert, dann nur, weil du dich darum gekümmert hast. Von alleine passiert gar nichts.

Noch heute empfinde ich übrigens eine tiefe Verbundenheit mit dieser Stadt, und mir geht jedes Mal das Herz auf, wenn ich am Flughafen von Barcelona lande – wenn die Zeit es denn zulässt.

Accenture

„Boost your Career" stand auf dem gelben Handtuch, das ich auf der Recruitingveranstaltung in Südfrankreich geschenkt bekam, und ich habe es heute noch. Als ich 2001 bei Accenture startete, versuchte die Company krampfhaft, alle Neulinge in SAP-Projekten unterzubringen. Das war offensichtlich skalierbar und warf gutes Geld ab. Für mein erstes Projekt schickten sie mich komplett planlos als „SAP-Experten" zu einem Büroartikelhersteller in der Nähe von Hamburg mit der Aufgabe, den Mitarbeitern das SAP-System zu erklären. Ich hatte wirklich weder die Expertise noch Lust darauf, konnte meine Planlosigkeit aber zumindest so gut überspielen, dass ich das Projekt einigermaßen unbeschadet überstand.

Die Lage wurde nicht besser. Nachdem Accenture in Peak-Zeiten massiv rekrutierte, brach plötzlich die Nachfrage ein, und so saßen nun viele der Junior-Berater in den Büros, ohne Geld zu verdienen. Kurz darauf der 11. September 2001. Ich war gerade in Frankfurt auf einer Fortbildungsveranstaltung, zusammen mit circa 50 weiteren New Hires, die nicht ausgelastet waren, als zwei Flugzeuge in die Türme des World Trade Center krachten. Wahrscheinlich kann sich jeder in meinem Alter daran erinnern, wo er an diesem Tag war. Auch wenn das neben dem entsetzlichen Ereignis natürlich verblasst: Meine berufliche Situation verschlimmerte sich angesichts der einbrechenden Konjunktur nun noch mehr.

Von den circa 50 Leuten auf dieser Trainingsveranstaltung überstanden schätzungsweise fünf die anschließende Kündigungswelle. Allen, die in der Probezeit waren, wurde gekündigt, es sei denn, sie hatten starke Fürsprecher in der Organisation, die das verhinderten. Ich hatte so einen, und somit ging die Sichel haarscharf an mir vorbei.

Kurz darauf gelang es mir auch, mich aus dem SAP-Arm der Company zu befreien und in eine strategische Change-Management-Gruppe zu wechseln, was mir deutlich mehr Spaß machte. Es folgten Projekte bei der Bundesagentur für Arbeit in Nürnberg, der DHL mit Finsätzen in Lima, Fort Lauderdale und Brüssel und zuletzt bei Infineon in München.

Natürlich war es ein wenig Glück, aber auch Durchhaltevermögen, ein guter Eindruck bei meinen Vorgesetzten und aktives Umhören nach Opportunities, die mich letztlich auf die richtige Bahn bei Accenture brachten. Ich war also in der Comfort Zone angekommen, hatte mir ein Netzwerk aufgebaut, meine Aussichten bei Accenture sahen rosig aus. Und doch stellte ich mir die Frage: Was nun?

Nach viereinhalb Jahren Beratertätigkeit kündigte ich von heute auf morgen meinen gut dotierten Job, um ein Start-up zu gründen. Das war damals wirklich alles andere als normal, und alle in meinem Freundeskreis hielten mich für komplett durchgeknallt. Schuld waren die Cool Dudes – aber der Reihe nach …

Sands Bay

Ich habe wie gesagt einen vier Jahre älteren Bruder, der mir äußerlich vielleicht etwas ähnelt, aber ansonsten komplett anders ist als ich. Er eher Querdenker, ich eher Stratege. Er eher unangepasst, ich durchaus anpassungsfähig. Während meiner Beratertätigkeit zeigte er mir immer wieder seine Cool Dudes. „Cool was?", dachte ich zunächst, aber ich muss zugeben, dass sie mir auf Anhieb gefielen.

Die Cool Dudes waren eine Art Comiccharaktere, die auf Vektorgrafiken basierten. Das Besondere war, dass sie einen hohen Wiedererkennungswert hatten, aber dennoch alle unterschiedlich waren. Da gab es Robby Sands, den Urvater der Cool Dudes. Ein Surfertyp, der sich im Jahre 1904, getrieben von der Sehnsucht nach Selbstverwirklichung, aufmachte, um ein neues Leben zu beginnen. Außerdem sein Enkel Freddy Sands, Mia Malibu, Grillmaster Flash, DJ Selekta und viele weitere, die alle auf einer imaginären Insel namens Sands Bay nach den Regeln ihres Gründervaters lebten.

Mein Bruder war besessen von den Cool Dudes und entwickelte immer mehr von ihnen. Dazu erdachte er zahlreiche Geschichten und eine ganze Weltanschauung, die nur unwesentlich von seiner eigenen abwich. Diese ganze Welt war irgendwie faszinierend. Einziges Problem: Mein Bruder hatte überhaupt keine Ahnung, was er damit anfangen sollte.

Irgendwann sagte ich mir, da müssen wir was draus machen. Noch während meines Projektes bei Infineon in München setzte ich mich bis spät in die Nacht hin und schrieb einen Businessplan: Wettbewerbsanalyse, Ziel-gruppendefinition, Produktideen, Marketing- und Ver-triebskonzept, das ganze Programm. Kurz darauf kündigte ich meinen Job, und wir gründeten zusammen die Sands Bay GmbH. Das hehre Ziel: eine Marke aufbauen und diese anschließend lizenzrechtlich über verschiedene Pro-duktbereiche verwerten. Vorbilder waren Paul Frank, Emily the Strange und, wenn man will, auch die Diddl-Maus, die wir vom Design her schrecklich fanden, aber aus der Busi-nessperspektive durchaus inspirierend.

Außer den Grafiken und Geschichten hatten wir aber wirk-lich nichts und starteten bei null. Über die Handelskammer Hamburg organisierte ich einen Kontakt zu einem Busi-ness Angel, der den Start finanzierte. @Michael Warsönke: Danke, dass du an uns geglaubt hast. Ich hätte Sands Bay nur zu gern groß gemacht. Im Freundeskreis fand sich eine Gruppe talentierter Programmierer, die uns halfen, die Internetwelt Sands Bay zu erschaffen, wo die Cool Dudes lebten. @Max Blumentritt und Pixeltier: Danke noch mal für euren großartigen Support!

Wir dachten groß, sicherten uns globale Markenrechte, entwickelten eine flashbasierte Web-Welt auf Deutsch und Englisch, dabei hatten wir noch gar keinen wirklichen Proof of Concept. Es war erstaunlich leicht, Leute für das Projekt zu begeistern, da die Charaktere einzigartig, das Konzept der virtuellen Welt innovativ war und das Ganze auch noch eine Message hatte. Zudem half, dass ich meinen gut dotierten Beraterjob für die Cool Dudes an den Nagel gehängt hatte. Einen besseren Beweis für ein Commitment hätte man sich kaum vorstellen können.

Einziges Problem: die Einnahmen. Eine Marke erschaffst du nicht von heute auf morgen, große Finanzierungsrunden waren damals auch nicht üblich, also brauchten wir alternative Monetarisierungsquellen. Kurzerhand designten wir eine Cool-Dudes-Fashionlinie. Primär T-Shirts und Sweatshirts, die wir über einen eigens entwickelten Webshop und schließlich auch über Skateshops und Händler wie Frontline und Thomas-i-Punkt in Hamburg verkauften. Später entwickelten wir noch Puppen der Charaktere, die ich nach viel Recherche in China fertigen ließ. Dazu gab es allerlei Merchandise wie Postkarten, Sticker und Anhänger, um den Vibe von Sands Bay in die Welt zu tragen.

Einkauf, Veredelung, Versand, Fotoshootings, Webkonzept, E-Shop, Finanzen, Personal, Buchhaltung – ich war

Hans Dampf in allen Gassen und lernte in dieser Zeit eine Menge. Wir statteten Künstler, DJs, Surfer, Skater mit unseren T-Shirts aus, veranstalteten Partys, verteilten Flyer auf diversen Messen wie der Bread and Butter und der Bright. Dazu pitchte ich unsere Vision bei diversen Nachwuchswettbewerben. Beim Brandnew Award auf der weltgrößten und jährlich in München stattfindenden Sportartikel- und Sportmodemesse ISPO kamen wir schließlich unter die Top 3, was uns etwas Aufmerksamkeit brachte.

Wir verdienten zwar etwas Geld mit dem Klamottenvertrieb, aber das reichte nicht aus, um wirklich zu wachsen. Außerdem verschlang der Job viel zu viel Zeit, war schwer skalierbar und nicht das, was ich machen wollte. Also strebte ich eine größere Finanzierungsrunde an, um die eher statische Web-Welt in eine Art virtuelle Community mit Cool Dudes als Avatare weiterzuentwickeln. Mein Bruder war aber vielleicht zu Recht der Auffassung, dass wir uns auf die Fashion konzentrieren und das Ganze langsam über Jahre aufbauen sollten. Am Ende war es eine Mischung aus unterschiedlichen Visionen, finanziellem Druck und daraus resultierenden Meinungsverschiedenheiten, die uns veranlasste, getrennte Wege zu gehen.

Wir waren zu früh dran, zu verschieden und zu naiv. Auch wenn es uns leider nicht gelungen ist, aus Sands Bay Walt Disney zu machen: Ich habe unfassbar viel gelernt und möchte die Zeit auf gar keinen Fall missen.

Bestes Learning: Nicht das Geld macht glücklich. Ich habe noch nie so wenig verdient wie damals und war selten so happy. Um zu sparen, aßen wir ständig Cevapcici aus der Aluschachtel für 99 Cent von Penny, denn Essen war völlig unwichtig. Wir hatten ein klares Ziel vor Augen.

Das war also mein Start-up-Kapitel. Rückblickend hätte ich mir gewünscht, dass es schon einen App Store gegeben hätte. Das ganze Konzept war für Mobile wie gemacht, und wir hätten viel schneller viel mehr Menschen direkt erreichen können. Die Cool Dudes waren ihrer Zeit einfach voraus. ☺

studiVZ

Sands Bay war Geschichte, und ich suchte einen neuen Job. Suchkriterien: Start-up, Geschäftsführungs- oder Marketingverantwortung, Hamburg oder Berlin.

Am 17. Dezember 2007 saß ich in der Backfabrik in Berlin-Prenzlauer Berg. Heute unter anderem Sitz von Wooga, einem der wenigen großen Spieleentwickler aus Deutschland, der vom fantastischen Jens Begemann geführt wird und Ende 2018 für einen dreistelligen Millionenbetrag vom israelischen Spielehersteller Playtika übernommen wurde. Es sollte nicht das letzte Mal gewesen sein, dass ich in der Backfabrik war.

Ich führte ganz Start-up-like nur drei Interviews: eins mit dem Personaler, eins mit einem Ex-McKinsey-Berater, der in die Start-up-Szene gewechselt war. Und eins mit Michael Brehm, einem der Gründer, der seit dem Exit von studiVZ als Business Angel und Investor recht umtriebig in der Berliner Start-up-Szene ist und den ich heute noch hin und wieder treffe. Wenn ihr mehr über Michael und seine Firma i2x erfahren möchtet, hört euch am besten den OMR-Podcast Folge 211 an. Ich glaube, meine Mischung

OMR-Podcast #211 mit
Ex-StudiVZ-Chef Michael Brehm

aus Beraterbackground und Start-up-Erfahrung machte am Ende den Ausschlag, und ich bekam den Job als „Head of meinVZ".

Der eine oder andere erinnert sich vielleicht noch: meinVZ war das dritte Portal der VZ-Gruppe. Nach studiVZ und schülerVZ wollte man eine Plattform für alle Nichtschüler und Nichtstudenten schaffen. Für deren Wachstum war ich nun also zuständig. Ich trat in der Phase ein, nachdem die Verlagsgruppe Holtzbrinck studiVZ übernommen hatte und Ex-Ebay Vice President Central Europe Marcus Riecke, den ich sehr schätze, gehiret wurde, um den Laden zu professionalisieren.

Die Millionen von Nutzern auf studiVZ waren natürlich eine gute Ausgangsposition. Damit ein Netzwerk exponentiell wächst, braucht man Netzwerkeffekte und um die auszulösen, eine kritische Masse an Nutzern. Diese waren schon da, nur auf der falschen Plattform. Mein wohl wichtigstes Projekt war, eine Strategie zu entwickeln, um all die Nichtstudenten von studiVZ auf meinVZ zu migrieren. Einziges Problem: Aus datenschutzrechtlichen Gründen konnten wir die nicht einfach umziehen, sie mussten das selber tun. Aber warum sollte jemand zu meinVZ wechseln, wenn doch alle Freunde auf studiVZ waren?

Wir fanden einen smarten Weg, die Nutzer zum Umzug zu bewegen und gleichzeitig die bestehenden studiVZ-Nutzer zum „Freischalten" zu animieren, sodass Umzügler weiterhin mit ihnen in Kontakt treten konnten. Das Ganze war hochgradig riskant und hätte leicht nach hinten losgehen können. Zum Glück ging der Plan aber auf, und kurze Zeit später knackte meinVZ die Drei-Millionen-Nutzermarke, was wir mit einer großen Party mit komplett orange geschmücktem Büro feierten (Orange war die Farbe von meinVZ, studiVZ war rot, schülerVZ pink). Facebook-Style – oder so wie ich es mir vorstellte – im Herzen von Berlin.

Kurze Zeit später managte ich nicht nur meinVZ, sondern kümmerte mich auch um Medienpartnerschaften aller VZ-Plattformen. Mit 16 Millionen aktiven Nutzern waren wir von der Reichweite her der größte Player im deutschsprachigen Raum, und jeder wollte mit der VZ-Gruppe zusammenarbeiten, ähnlich wie zu iTunes-Marketingzeiten.

Nach dieser Hochphase, ich pendelte übrigens zwischen Hamburg und Berlin, dem sagenumwobenen Übernahmeangebot von Facebook und weiteren Nutzerrekorden erhöhte Holtzbrinck den Druck. Reichweite allein reichte nicht, jetzt sollte auch Geld fließen. Infolgedessen durfte ich innerhalb von nur wenigen Monaten zwei weitere CEOs begrüßen, die auf Sales und Monetarisierung fokussieren sollten. Gleichzeitig wurde die Luft merklich dünner für alle, die nicht Werbung verkauften, und ich begann, mich anderweitig umzusehen. Schließlich hatte ich ein anderes Angebot und den besagten Anruf von Apple.

Nach nur eineinhalb Jahren, die sich wie drei anfühlten, war meine Zeit bei studiVZ vorbei, und ich erwischte vermutlich den perfekten Zeitpunkt für den Absprung. studiVZ ist inzwischen Geschichte ... aber auch Kult und ein wichtiger Meilenstein der Berliner Start-up-Historie. Danke an Michael und Marcus, dass ich dabei sein durfte.

Meine Learnings

Am Schluss dieser kleinen Zeitreise noch mal die wichtigsten Learnings aus meiner Zeit vor Apple:

1. Verstehe das Wofür

In der Ausbildung musst du eine Menge Dinge lernen, ohne zu wissen, wofür. Es gibt Menschen, denen das nichts ausmacht. Zu welcher Sorte Mensch gehörst du? Wenn du, so wie ich, ein Wofür-Mensch bist, dann frage dich immer nach Sinn und Zweck dessen, was du gerade tust oder tun möchtest. Wenn dir das klar ist, kannst du Berge versetzen, und andere werden dir folgen.

2. Niemand kann alles gut

Es ist gut, gerade in jungen Jahren, alles einmal auszuprobieren, aber irgendwann solltest du dich fokussieren. Finde heraus, was deine Stärken und Schwächen sind, und dann konzentriere dich auf die Dinge, die du besser kannst als andere, und entwickle sie weiter.

3. Du kannst alles schaffen, wenn …

Ein Mindestmaß an Talent oder Kompetenz solltest du mitbringen. Wenn du das hast und weißt, was du wirklich willst, dann kannst du alles schaffen. Damit andere an dich glauben, musst du zunächst jedoch an dich selbst glauben.

4. Engagiere dich

Was ist deine Leidenschaft? Folge ihr nicht nur, sondern engagiere dich für sie. Die Erfahrung, andere zu inspirieren, gibt dir unglaublich viel zurück und macht dich glücklich. Probier's aus.

5. Sei hartnäckig

Lass dich von Noten, Feedbacks oder Bewertungen nicht verunsichern, in eine Schublade pressen, sondern sei hartnäckig und verfolge deine Ziele. Vieles ergibt sich aus Gesprächen, aber auch nur, wenn du das Gespräch suchst. Sprich Leute an, die dich weiterbringen können.

6. Lebe deinen Traum

Du wolltest immer schon mal etwas machen, aber findest 1000 Gründe, es nicht zu tun. Tu es einfach! Am Ende deiner Tage wirst du reich an Erlebnissen und Erfahrungen sein. Das ist unbezahlbar.

7. Halte durch

Es gibt immer auch mal schwierige Phasen. Manchmal musst du durchhalten und nach vorne schauen, um dann durch eine Tür zu gehen, wenn sie sich öffnet. Wenn du stets in guter Erinnerung bleibst, werden sich mehr Türen öffnen.

8. Geld macht nicht glücklich ...

... aber Geld macht frei. Die Frage ist nur: Zu welchem Preis? Wenn dein Job dir keinen Spaß macht und das Gefühl, eingeengt zu sein, stärker ist als die Freuden der finanziellen Freiheit, dann hast du nichts davon. Ich kenne mehr glückliche arme Menschen als glückliche reiche. Du musst die gesunde Balance für dich finden.

Ich denke, wenn ihr etwas tut, was gut funktioniert, dann solltet ihr etwas Neues verfolgen; bleibt nicht zu lange bei einer Sache. Findet heraus, was als Nächstes kommt.

Steve Jobs

Die goldene iTunes-Ära

Als ich 2009 bei Apple anfing, waren Musikdownloads noch der heiße Scheiß, der App Store war unbedeutend, und Netflix verschickte noch DVDs. Die iTunes SARL hatte ihren europäischen Hauptsitz in Luxemburg, das eigentliche Headquarter war in London, und es fühlte sich fast familiär an. Jeder kannte jeden, und ich wurde wie gesagt für das Marketing im deutschsprachigen Raum eingestellt. Die Organisation war so klein, dass es in Deutschland noch nicht einmal ein Büro gab. Stattdessen arbeiteten Patrick Mushatsi-Kareba (heute Chef von Sony Music), Stefan Langefeld (heute Digital Business Advisor) und ein paar andere Kollegen remote aus Frankfurt, München und Berlin. Mir wurde gesagt, dass ich aus Hamburg arbeiten könne.

Vier Wochen nach meinem Start schließlich die Entscheidung, dass man ein Office in München aufbauen wolle. Na toll! Es folgten fünf Jahre Pendeln zwischen Hamburg und München. Da ich es aber gewohnt war zu pendeln, empfand ich das nicht als weiter schlimm.

Apple war damals in der Wahrnehmung vieler noch der Underdog und iTunes ungefähr so cool wie der Rapper Nas, als er 1994 sein Debütalbum „Illmatic" veröffentlichte.

Nas: „Illmatic"

Das war auch gut so, denn lokal hatten wir weder Budget noch ein nennenswertes Team. Stattdessen eine Marke mit großer Strahlkraft, mit deren Hilfe es meine Aufgabe war, das Unmögliche möglich zu machen.

So ziemlich in allen Medienbereichen (Radio, Print, TV, Online) gelang es mir, Kooperationen mit erheblicher Reichweite auf die Beine zu stellen. Durch die Markenstärke (und sicher auch etwas durch mein Verhandlungsgeschick) gab es iTunes Radio Shows, Printanzeigen, TV-Deals mit „Deutschland sucht den Superstar" und „The Voice of Germany" sowie eine große Marketingkooperation mit der Lufthansa („Alles für Ihr Reiseziel").

Ich besuchte die relevantesten Radio-Sender Deutschlands, Österreichs und der Schweiz. Dazu alle großen Medienhäuser und alle großen Marken, egal ob Lufthansa, Deutsche Bahn, Media Markt oder H&M, um mögliche Partnerschaften zu besprechen.

Der eine oder andere erinnert sich aber vielleicht noch an „12 Tage Geschenke", eine sehr smarte Marketingaktion, die Ben King (heute bei Dazn) ins Leben gerufen hatte und die ich in D-A-CH und Osteuropa ausrollte. Hier gab es nach Weihnachten zwölf Tage lang Geschenke in Form von Downloads aus dem iTunes Store.

Warum nach Weihnachten? Da erstens die Leute zu Hause waren und Zeit hatten. Zweitens, die meisten anderen Aktionen vor Weihnachten stattfanden und somit die Aufmerksamkeit höher war. Und drittens viele iPhones und iPods unter dem Weihnachtsbaum lagen, die nun alle Content brauchten. Einziger Nachteil war, dass wir über die Feiertage nicht wirklich offline waren, sondern uns um die Promotion kümmern mussten. Aber das nahmen wir für die Sache gerne in Kauf.

Wir klärten den Content mit den Rechteinhabern und promoteten die Aktion über unsere Partnerkanäle: *Die Welt*, *Bild*, *Glamour*, *Bravo*, *FAZ*, *NZZ*, *Krone*, Telekom, Radio Energy, Lufthansa. Die Aktion schlug ein wie eine Bombe und war vermutlich die effizienteste Neukunden-Akquiseaktion (neben der Migration von Nichtstudenten zu meinVZ) in meiner beruflichen Laufbahn.

Nach ähnlichem Konzept vermarkteten wir auch den Content des iTunes Festivals, das von 2009 bis 2013 im Londoner Roundhouse stattfand. Ich etablierte iTunes Chartshows mit allen großen deutschen Radiosendern und stellte eine Vielzahl von Partnerschaften auf die Beine. Der klassische Tonträger-Musikmarkt war nach wie vor groß, aber danach kam schon iTunes und wuchs extrem schnell, und ein dementsprechendes Standing hatten wir in der Musikindustrie. Es war die goldene iTunes-Ära.

Es ist so weit, ja es ist an der Zeit, dass man publik macht,
welche Nebenwirkung groovige Musik hat.
Mein Gehirn signalisiert, dass bei mir etwas passiert,
worauf mein Körper reagiert, mich zum Grooven animiert.

Sündikat
„Das Wipp-Element"

Irgendwann kam dann so ein Spotify aus Stockholm um die Ecke, was viele als nicht nachhaltig abtaten. Steve Jobs hat uns mitgegeben: „Stay hungry, stay foolish". Wir waren damals eher arrogant und kurzsichtig und wurden dafür bestraft. Inzwischen ist Apple Music Nummer 1 in den USA, aber nicht in Europa.

In den fünf Jahren Marketing kümmerte ich mich zunächst um Deutschland, Österreich, Schweiz, später auch um Osteuropa mit Schwerpunkt Polen und Tschechien und schließlich auch um Italien. Um ehrlich zu sein, ich habe im Eifer des Gefechts gar nicht kapiert, wie einzigartig diese Zeit war. Ich lernte innerhalb kürzester Zeit alle großen Medienplayer dieser Länder kennen, tourte durch Warschau, Prag, Rom und Mailand und skalierte erfolgreich das, was wir zuvor in Berlin, Hamburg, Wien und Zürich auf die Beine gestellt hatten.

Aber irgendwann nach fünf Jahren war sie wieder da, meine Comfort Zone, und ich merkte, dass es Zeit für etwas Neues war. Ich befand mich bereits in Gesprächen mit anderen Unternehmen. Doch dann ergab sich eine neue Opportunity bei Apple: der App Store.

Noch mal kurz zurückgespult. Als ich 2009 anfing, für Apple zu arbeiten, ging es um iTunes – primär Musik und

Videos. Ein Jahr zuvor launchte der App Store, was aber niemanden so richtig interessierte und eher als eine Software-Distributionsplattform für unsere Hardware galt. In 2013 war der App Store bereits relevant, nicht so groß wie heute, aber die Wachstumsraten waren vielversprechend. Zudem hatte ich Lust, ein Business und nicht nur das Marketing zu verantworten. Ich ergriff also die Chance und wurde Head of App Store. Die richtige Entscheidung, wie sich später herausstellen sollte. Das der App Store fünf Jahre später das zweitgrößte Geschäft von Apple werden sollte, konnte niemand vorhersehen.

Mit dieser Entscheidung ging auch eine private Veränderung einher. Ich erinnere mich noch genau: Ich flog fünf Jahre beruflich bedingt zwischen Hamburg und München hin und her. Immer auch in dem Bewusstsein, dass mich die Company ja etwas veräppelt und ursprünglich für den Standort Hamburg eingestellt hatte.

Dann kam ein neuer Manager in London an Bord und verfolgte, glaube ich, die gute alte „Wenn ein neuer Kapitän das Ruder übernimmt, dann geht schon mal ein Matrose über Bord"-Strategie. Wir saßen in München, er schaute mir mit seiner unvergleichlichen Art tief in die Augen und vermittelte mir, dass meine Reisegepflogenheiten ein klarer Verstoß gegen Apple-Richtlinien seien. Da ich meinem vorherigen Chef in London aber nie etwas verschwiegen hatte, sollte das Ganze gut für mich ausgehen. Der Deal war, dass ich innerhalb eines halben Jahres nach München umziehen sollte. Ein paar Flüge wurden noch übernommen, ebenso die Kosten für den Umzug.

Dann also ab nach München. Wenn schon München, dann richtig, dachten meine Frau und ich und suchten nach einem Haus im Münchener Süden, um möglichst schnell in die Berge zu kommen. Zuvor lebten wir in einer Stadtwohnung im Herzen Eppendorfs in Hamburg, dementsprechend war das ein krasser Wandel für uns. Inzwischen fühlen wir uns aber sehr wohl und wissen die Vorteile Münchens zu schätzen und vermissen dennoch ab und zu „unser Eppendorf".

Was ich aus dieser Zeit gelernt habe, ist, dass ich bei allen privaten Entscheidungen heute das mache, was für meine Familie und mich *jetzt* am besten ist und nicht potenziell in fünf bis zehn Jahren. So sehr verändert man sich dann doch nicht, und was sich *jetzt* gut anfühlt, fühlt sich auch in Zukunft noch gut an.

Es ist sehr schwierig, Produkte von Marketing-Fokusgruppen kreieren zu lassen. Oftmals wissen Menschen nicht, was sie wollen, bis man es ihnen zeigt.

Steve Jobs

Das App-Geschäft

Der App Store wurde am 11. Juli 2008 gelauncht und bot zunächst 500 Apps an. Seitdem blickt der App Store auf eine phänomenale Erfolgsgeschichte zurück und hat im Jahr 2018 46 Milliarden Dollar Umsatz erzielt[1].

Das ist mehr als doppelt so viel, wie McDonald's weltweit an Umsatz[2] generiert, und größer als Apples weltweites Mac- oder iPad-Geschäft.

DEINE ERSTE APP

Weißt du noch, was deine erste App war? Finde es heraus, indem du auf deinem iPhone im App Store oben rechts auf dein Profilbild tippst und dann auf Käufe / Meine Käufe. Meine erste App war Facebook und mein erstes Spiel „Modern Combat: Sandstorm".

Was 2008 mit sogenannten Premium-Apps (einmal kaufen, immer nutzen) begann, hat sich inzwischen zu einem stetig wachsenden Freemium-Business für Games (kostenloser Download und In-App-Kauf) und Abonnementgeschäft für Apps (wiederkehrende Zahlungen) entwickelt mit nicht

---

[1] https://sensortower.com/blog/app-revenue-and-downloads-2018
[2] https://de.statista.com/statistik/daten/studie/244228/umfrage/entwicklung-des-umsatzes-von-mcdonalds/

vorstellbaren Wachstumsraten. Von all diesen Einnahmen bekommt Apple 30 Prozent Provision[3]. Bei über 1,4 Milliarden aktiven Geräten[4] und 500 Millionen wöchentlichen Besuchern[5] kommt da so einiges zusammen – und es ist kein Ende in Sicht.

Im Gegenteil. Mit zunehmender Fokussierung auf das Abogeschäft durch neue wachstumsfördernde Features, dem Launch neuer eigener Services wie Apple Arcade sowie der steigenden Anzahl externer Angebote wird der App Store weiter wachsen. App Annie, einer der führenden Anbieter von Mobilmarkt-Analysen, prognostiziert bis 2022 einen weltweiten App-Gesamtumsatz von 157 Milliarden US-Dollar, wobei davon circa zwei Drittel auf iOS und ein Drittel auf Android fallen[6]. Das entspricht ungefähr dem fünffachen weltweiten Jahresumsatz von Coca-Cola[7].

Was wäre ein iPhone ohne Apps? Und hat eigentlich das iPhone unser Leben nachhaltig verändert oder der App Store?

Wir befinden uns in einer hochspannenden Zeit, in der alte Produkt- und transaktionsorientierte Paradigmen in-

---

[3] https://developer.apple.com/programs/whats-included/. Bei Abonnements verringert sich die Provision nach einem Jahr auf 15%. Weitere Details finden sich auf dem Developer Portal.

[4] https://www.apple.com/newsroom/2019/01/apple-reports-first-quarter-results/

[5] WWDC Keynote vom 4. Juni 2018. https://www.apple.com/de/apple-events/

[6] https://www.appannie.com/de/insights/market-data/app-annie-2017-2022-forecast/

[7] https://de.statista.com/statistik/daten/studie/226275/umfrage/umsatz-von-coca-cola-und-pepsi-im-jahresvergleich/

frage gestellt und auch bei Apple nicht mehr das Produkt, sondern die Services für den Kunden in den Vordergrund gestellt werden. Dies hat Auswirkungen auf die gesamte Wertschöpfungskette, die Kundenansprache, das Marketing.

Von Software as a Service (SaaS) redet die Branche schon lange, der App Store redefiniert diesen Begriff aber und bringt seinen über 500 Millionen wöchentlichen Besuchern nicht nur ihre Office-Software, sondern auch ihr Fitnessstudio, ihren Nachhilfelehrer, ihren Ernährungsberater und sogar das nächste Date direkt in die eigene Hosentasche, immer und überall. Keine Öffnungszeiten, keine Lieferengpässe, keine Versandkosten. Das ist revolutionär.

Apps sind allgegenwärtig und das Business boomt, entsprechend groß ist die Anzahl derer, die etwas von dem wachsenden Kuchen abhaben wollen. Über 1,7 Millionen europäische Arbeitsplätze[8] hängen direkt oder indirekt an der App-Economy: App-Entwickler, User-Interface-Designer, App-Analysten und Vermarkter. Der App Store ist eine gigantische Jobmaschine.

Große weite Welt

Was bedeutet der App Store für die App-Entwickler? Zunächst einmal den Riesenvorteil, dass ich mit nur einem Handelspartner meine App weltweit anbieten kann. Der

---

[8] http://www.apple.com/de/job-creation/

App Store ist aktuell in 155 Ländern verfügbar, unterstützt 28 Sprachen und 45 Währungen[9]. Ein einzelner Entwickler kann mit einer genialen Idee und den entsprechenden Programmierkenntnissen theoretisch aus seinem Keller heraus über 90 Prozent der Weltbevölkerung erreichen und sein Produkt oder Service verkaufen. Kein Lager, keine Versandkosten, keine Handelsketten, keine Retouren. Das ist schlichtweg game-changing.

Es gibt in der Tat einige Beispiele von Entwicklern, denen das gelungen ist. Wer erinnert sich noch an Spiele wie „Tiny Wings", „Cut the Rope" oder Apps wie Dubsmash oder JibJab, die innerhalb kürzester Zeit Millionen von Nutzern weltweit erreichten und ihnen ein Lächeln auf die Lippen zauberten. Ähnliche Phänomene gibt es vielleicht noch in der Musik (the likes of „Gangnam Style" oder „Macarena") – nur dass die Umsätze hier nicht direkt an den Künstler gehen, sondern der Löwenanteil bei Label, Verlag und Management hängen bleibt. Der App Store bietet eine Riesenchance, verzichtet auf Intermediäre und ist damit höchst kosteneffizient für Entwickler und Plattformbetreiber.

Inzwischen gibt es über 1,8 Millionen Apps[10] in über 20 verschiedenen Kategorien für so ziemlich jede erdenkliche Anwendung. Der Markt ist gereift, Kunden sind anspruchsvoller geworden, und die Kosten der Nutzerakquise haben sich drastisch erhöht. Einen Hit zu landen ist folglich deutlich schwerer geworden als noch vor ein paar

---

[9]   Stand Juli 2019
[10] https://www.statista.com/statistics/276623/number-of-apps-available-in-leading-app-stores/

Jahren. Und auch der App Store steht vor der Herausforderung, die besten neuen Apps zu entdecken und seinen Kunden vorzustellen. Es gibt einfach zu viele.

Musik versus Apps

Um zu erklären was ich als App Store Lead eigentlich mache, zog ich immer gerne einen Vergleich zum Musikgeschäft.

Ich weiß nicht, wie lange, aber noch wird das Musikgeschäft von den großen Major-Labels Universal, Warner und Sony Music dominiert. Das hat für Streaminganbieter wie Apple Music den Vorteil, dass es gewachsene Strukturen gibt, mit denen man arbeiten kann. So filtert zum Beispiel das Label von der Vielzahl an Künstlern diejenigen heraus, die es im kommenden Jahr pushen möchte. Sie stellen ihre Prioritäten und Newcomer vor, und die Streaminganbieter überlegen sich, welche sie davon wie unterstützen möchten. Das ist natürlich sehr vereinfacht dargestellt, aber im Wesentlichen funktioniert es so.

In der App-Welt sieht das Ganze etwas anders aus. Das Business ist gerade mal zehn Jahre alt, es gibt keine Strukturen, keine Labels, keine Aggregatoren. Stattdessen 20 Millionen App-Entwickler[11], die jede Woche über 100000 neue Apps und Updates im App Store einrei-

---

[11] https://www.apple.com/de/ios/app-store/principles-practices/

chen[12]. Zudem ist der App Store ein globales Business. Während Capital Bra, Helene Fischer und Herbert Grönemeyer doch primär im deutschsprachigen Raum verkaufen, zielen die meisten hier ansässigen Entwickler mit Ausnahme von lokalen News oder Services auf den globalen Markt. Dementsprechend ist das App-Store-Team auch international sehr eng verdrahtet. Man kennt die internationalen Kollegen, es gibt interne Systeme, über die Neuentdeckungen und Prioritäten ausgetauscht werden, außerdem wöchentliche globale Calls und regelmäßige Summits in Cupertino oder anderen Orten der Welt.

Wie soll man also dieser unfassbaren Masse an Neuheiten Herr werden, den Überblick bewahren und sicherstellen, dass man seine Zeit in die richtigen Themen und die richtigen Apps investiert?

Genau das war ein Teil meiner Aufgabe: ein System zu entwickeln, das es erlaubt, gute Apps von schlechten zu unterscheiden, diese zu beraten und damit deren und Apples Business zu vergrößern.

Storefronts, Tabs und Key Accounts

Der App Store unterteilt sein Geschäft nach Ländergruppen, um den lokalen Märkten, Feiertagen und Events, aber auch unterschiedlichen Währungen und Zahlungs-

---

[12] https://www.apple.com/ios/app-store/principles-practices/

methoden gerecht zu werden. Für jedes Land gibt es Businessmanager und Redakteure, die sich um die jeweiligen Kunden, aber auch um die in der Region ansässigen Entwickler kümmern. Und einen Geo Lead, der die Gesamtverantwortung für das Ganze trägt. Das war für Deutschland, Österreich und die Schweiz ich.

Die Aufgabe eines Redakteurs besteht darin, den Store möglichst zeit- und zielgruppenrelevant zu kuratieren. Dabei ist es Apples Anspruch, nicht nur Apps vorzuschlagen, sondern die App-Kultur zu prägen. Es gibt für alles eine App und für die meisten Anwendungsfälle gleich mehrere. Apples Redakteure sind die Experten, die beurteilen können, welche App für den jeweiligen Anwendungsfall und die jeweilige Zielgruppe die beste ist.

Um mehr Kontext zu schaffen, wurde mit iOS 11 der App Store komplett redesignt und der sogenannte Heute Tab hinzugefügt. Seitdem unterscheidet man zwischen den sogenannten Today Editors, die Artikel für den Heute Tab schreiben, und den Discovery Editors, die den Apps und den Spiele Tab programmieren.

Auf dem Heute Tab steht primär die Story im Vordergrund. Die Nutzer bekommen täglich neue Karten angezeigt, auf denen sie Aktuelles oder Wissenswertes aus der App-Welt erfahren und Apps herunterladen können. Täglich gibt es eine App des Tages und ein Spiel des Tages, die häufig lokale Anlässe aufgreifen. Außerdem tiefer gehende Storys wie zum Beispiel „Tipps und Tricks" für bestimmte Apps, „Hinter den Kulissen"-Storys zur Entstehungsgeschichte einer App oder „Triff den Entwickler"-Storys, die die Macher hinter einer App vorstellen.

Dann gibt es die sogenannten Discovery Tabs, einmal für Apps und einmal für Spiele, die in der Regel zweimal wöchentlich, manchmal auch häufiger aktualisiert werden. Diese sind eher transaktionsorientiert und stellen den Nutzern die relevantesten, populärsten und am besten monetarisierenden Apps und Spiele vor. Da die Discovery-Redakteure in der Regel nicht schreiben und dadurch mehr Zeit für das Testen neuer Apps haben, verfügen sie meist über einen sehr guten Marktüberblick.

Seit dem Launch von iOS 13 am 19. September 2019 gibt es auch einen Arcade Tab, der den Update Tab ersetzt hat. Dahinter verbirgt sich ein Spieleabonnement für die ganze Familie. Zum Launch gab es 100 Spiele, die zum Preis von 4,99 Euro monatlich auf allen Geräten (iPhone, iPad, Mac, Apple TV) auch offline gespielt werden können. Keine Werbung, keine In-App-Käufe, und alle Spiele sind exklusiv und auf keiner anderen Streamingplattform verfügbar.

Aus meiner Sicht ist Apple Arcade die Konsequenz aus dem verspäteten Einstieg ins Musikstreaming-Geschäft und ein klassisches Win-Win-Win für alle Beteiligten. Für die Kunden überzeugt Arcade durch ein hohes Qualitätsniveau und sehr gutes Preis-Leistungs-Verhältnis. Spieleentwickler können ihre Herzensprojekte nun auch ohne In-App-Purchase und In-App-Werbung realisieren. Für Apple bietet Arcade die Chance, in kürzester Zeit Millionen von Spieleabos abzuschließen, und verfügt zudem über einen wirklichen USP gegenüber Android-Geräten. Es gibt aus meiner Sicht aber auch Verlierer, und das sind die unbeteiligten Spieleentwickler, die auf Premium setzen, es aber nicht in die Auswahl der Arcade-Spiele schaffen. Diese werden vermutlich über kurz oder lang verschwinden. Warum sollte ich ein Spiel kaufen, wenn ich zum Preis von 4,99 Euro über 100 Spiele spielen kann?

Zuletzt gibt es noch den Suche Tab, über den die meisten Transaktionen generiert werden. Im Durchschnitt werden 65 Prozent der Downloads über Suchanfragen generiert[13], das heißt, Nutzer suchen konkret nach App- oder Entwicklername (sogenannte „navigational searches") oder bestimmten Funktionen und Features (sogenannte „functional searches").

Während die Redakteure eher im Hintergrund agieren, sprechen die Businessmanager auch mit Entwicklern über deren Geschäft, Prognosen und Pläne und beraten sie quasi in allen Belangen des App Stores. Da man unmöglich mit allen Entwicklern sprechen kann, hatte ich unser Geschäft in folgende Bereiche (Key Accounts) unterteilt:

1. Topgrossing

Die größten Entwickler nach Umsatz. Zumeist Spieleentwickler wie Miniclip, Innogames oder Wooga, aber auch App-Entwickler wie iTranslate oder Blinkist. Wer es in die Liste der Top 20 schafft, kann sicher sein, dass er bei Apple auf dem Radar ist, auch wenn er es manchmal gar nicht weiß. Der eine oder andere mag sich jetzt fragen: Wooga, iTranslate – wer?!

---

[13] https://searchads.apple.com/de/

Viele der umsatzstärksten Accounts aus Deutschland, Österreich und der Schweiz sind der breiten Öffentlichkeit gar nicht bekannt. Das liegt primär daran, dass sie den Löwenanteil ihres Geschäftes nicht in der D-A-CH-Region, sondern im Ausland machen. Es liegt auf der Hand, dass ein funktionierendes Geschäft in den USA (327 Millionen Einwohner) oder China (1,3 Milliarden Einwohner) um ein Vielfaches größer ist als in Deutschland (82 Millionen Einwohner).

Die Businessmanager tracken wöchentlich, wie sich Umsätze, Downloads, bezahlte Abonnements und vieles mehr entwickeln und welche Auf- und Absteiger es gibt. Ziel ist es, den Entwicklern und damit auch Apple zu mehr Umsatz zu verhelfen. Die größte Chance, bei Apple auf dem Radar zu kommen, ist, bei den Topgrossing Charts oben mitzuspielen.

2. Strategic

Hier hatte ich alles vereint, was nach Reichweite und strategischer Relevanz auch für die anderen Contentbereiche (Musik, Video, Buch) sowie für Apples Hardware relevant ist. Dazu zählen die großen Verlagshäuser wie Axel Springer, Gruner + Jahr, Fernsehsender wie RTL, Pro-SiebenSat.1, ARD, ZDF aber auch Player wie Zalando, die Lufthansa und die Deutsche Bahn. Wie ihr seht, ein sehr breites Feld, aber was alle gemeinsam haben: Sie erreichen sehr viele Kunden in der D-A-CH-Region und sind somit auch für Apple relevant.

Ein gewisses Paradoxon war immer, dass die strategischen Accounts per se im Heimatmarkt groß waren und somit oft auch ein entsprechendes Selbstbewusstsein an den Tag legten. Aus der Businesssicht spielten sie aber häufig eine untergeordnete Rolle.

3. Start-ups

Ich habe nie einen großen Hehl daraus gemacht, dass mir dieser Bereich am meisten Spaß gemacht hat und wir in dem Segment auch die größten Erfolge feiern konnten. Um noch mal die Analogie zur Musik zu ziehen: Es macht einfach mehr Spaß, ist schwieriger und damit auch more rewarding, einen Newcomer zu entdecken und groß zu machen, als das 14. Album von Rihanna zu verkaufen.

Kleiner Ausflug in meine iTunes-Marketingzeit: In der goldenen iTunes-Ära haben wir Tim Bendzko frühzeitig

Tim Bendzko

massiv unterstützt und nicht unwesentlich zu seinem Durchbruch beigetragen, denke ich. Mein damaliger Kollege und heutiger Sony-Deutschland-Chef Patrick hatte hier nicht nur einen sehr guten Riecher, sondern auch die entsprechenden Cojones, das Projekt intern durchzuboxen. Ich war für das iTunes-Marketing verant-wortlich und habe sogar eine Goldene Schallplatte dafür bekommen. Das war ein toller Erfolg und hat großen Spaß gemacht.

Gleiches gilt in der App-Welt. Schon früh haben wir damit begonnen, unsere Fühler vor allem in der Berliner Start-up-Szene auszustrecken mit der Zielsetzung, innovative Apps und deren Macher frühzeitig zu entdecken und somit schnell und idealerweise im App Store exklusiv groß zu machen.

Dabei hat sich der Fokus ungefähr seit Anfang 2017 stark verändert. Früher hat der App Store einfach tolle Apps gesucht, die Apples Geräte und Technologien optimal unterstützten. Apps, die Apples Hardware scheinen ließen, unabhängig davon, ob damit Geld verdient wurde oder nicht.

Inzwischen schaut der App Store vermehrt auf das langfristige Monetarisierungspotenzial. Gesucht werden Apps, die potenziell einen Einfluss auf das Gesamtgeschäft haben können. Mit Anbietern wie beispielsweise Supercell (den Machern des Spiels „Clash of Clans") oder King (dem Entwickler von „Candy Crush"), die Jahresumsätze im Milliardenbereich generieren[14], ist es natürlich keine leichte Aufgabe, solche Start-ups zu finden.

Developer Stories

Ich habe in den letzten fünf Jahren so viele talentierte Entwicklerinnen und Entwickler, beeindruckende Gründerinnen und Gründer und engagierte Unternehmerinnen und Unternehmer kennengelernt, dass ich sie unmöglich alle aufzählen kann. Egal ob sie Spiele oder Apps im

---

[14] https://sensortower.com/blog/top-apps-games-publishers-2018

Bereich Bildung, Gesundheit & Fitness, Produktivität oder für Kinder entwickeln – sie alle brennen für ihre Sache, und ich ziehe meinen Hut vor dem, was sie auf die Beine gestellt haben. You guys rock! ✌

Ein paar dieser Geschichten möchte ich euch nun erzählen.

Kitchen Stories

Berlin, Kreuzberg, 7. Februar 2017, 15.30 Uhr. Ich bekam folgende Textnachricht von unserem europäischen PR-Chef: „He will be 30 min late, can you please let them know?" Mit „he" war Apple-Chef Tim Cook gemeint und mit „them" der App-Entwickler, in diesem Fall von „Kitchen Stories".

Ich stand also in Kreuzberg in der Muskauer Straße 43 vor einem typischen Mehrfamilienhaus mit mehreren Hinterhöfen und schaute auf die Uhr. Die Tür öffnete sich, und eine Frau mit Kinderwagen und einem Kind an der Hand kam heraus. Eine normale Szene in Kreuzberg, aber just in diesem Moment besonders. „Wenn die wüsste, wer in wenigen Minuten durch dieselbe Tür geht", dachte ich mir.

Kurz darauf ging ich in einen der Hinterhöfe, ein paar Stockwerke hoch und klingelte bei meinen Freundinnen von Kitchen Stories. Die Geschäftsführerinnen Mengting und Verena machten sofort auf, Küsschen links, Küsschen rechts. Ich fragte, wie es ihnen geht, und versuchte so viel Normalität auszustrahlen wie möglich. Weiter hinten entdeckte ich Moritz Hohl, ehemals Geschäftsführer von fox&sheep und jetzt Memorado (die App heißt inzwischen Geist), und musste schmunzeln. Moritz hatte eine kleine Beteiligung bei Kitchen Stories und sich offensichtlich reingeschmuggelt, als Mitarbeiter getarnt, um dem Event beizuwohnen. Hätte ich auch gemacht.

Im ganzen Büro merkte man eine gewisse Anspannung, denn kurz zuvor hatten die Mitarbeiter erfahren, dass nicht nur irgendein hohes Tier von Apple vorbeischauen würde, sondern der Firmenchef höchstpersönlich. Alle taten also so, als würden sie arbeiten, bis circa 20 Minuten später drei schwarze Limousinen vorfuhren und Tim sich mitsamt Entourage aus Bodyguards, Presseleuten und Fotografen auf den Weg in einen Kreuzberger Hinterhof machte.

Es war das erste Mal, dass ich Tim persönlich traf, und natürlich war auch ich sehr aufgeregt. Er kam rein, ich stellte mich ihm vor und übergab dann an Mengting und Verena. Es folgte eine kurze Office-Tour, die beiden erklärten die App, ihre Vision, hielten an einer Tafel mit Fotos und Meilensteinen seit der Gründung und gelangten schließlich in die Showküche. Hier durfte Tim einen Pfannkuchen in die Luft werfen, gutes Bild für die Presse. Anschließend gab es noch ein Interview mit ein paar ausgewählten Pressevertretern.

APP-INSIDER:
LOKALISIERUNG

Kitchen Stories begann frühzeitig, die App in mehrere Sprachen zu lokalisieren. Danach kürte der App Store Kitchen Stories in über 100 Ländern zur besten App der Kategorie „Essen & Trinken."

Heute kommt fast die Hälfte der App-Downloads von Kitchen Stories aus China, gefolgt von den USA und Deutschland.

Nach circa einer Stunde war der Besuch vorbei. Mengting und Verena hatten einen hervorragenden Job gemacht, und ich war happy, dass alles gut lief.

Zwei Jahre zuvor hatte ich Mengting und Verena zum ersten Mal zusammen mit einem ihrer ersten Mitarbeiter getroffen, um mehr über Kitchen Stories zu erfahren. Ich glaubte sofort an die Idee einer videobasierten Koch-App, mit der jeder einfach kochen kann. Das User Interface war gut durchdacht, intuitiv und leicht zu bedienen und die Qualität der Videos bereits gut. Vor allem beeindruckten mich aber Mengting und Verena mit ihrer klaren Vorstellung davon, was die nächsten Schritte für die Weiterentwicklung der App sein sollten. Seit diesem Meeting unterstützten wir sie tatkräftig in allen Belangen. Inzwischen hat Kitchen Stories über 45 Mitarbeiter und eine ganze Etage mit fünf Showküchen für sich, in denen fleißig gekocht und geshootet wird.

Der Besuch von Tim Cook war für mich quasi das i-Tüpfelchen einer längeren Reise, und ich bin schon ein wenig stolz darauf, dass ich es geschafft habe, ihn und alle Beteiligten (glaubt mir, das waren eine Menge) davon zu überzeugen, Kitchen Stories in Berlin zu besuchen.

Navionics

Wie bereits erwähnt, war ich für eine Zeit lang auch für das App-Geschäft in Italien verantwortlich, und der nach Umsatz größte App-Anbieter aus Italien war zu jener Zeit nicht etwa eine der Tageszeitungen wie *Corriere della Sera* oder *La Repubblica*. Nein, es war Navionics.

Navionics vertreibt digitales Kartenmaterial und Navigationssoftware für die Seefahrt, insbesondere fürs Segeln. Die Firma mit Sitz in Viareggio in der Nähe von Pisa gibt es bereits seit 1984. Ich wollte also Navionics in Viareggio besuchen, und es sollte ein unvergessliches Erlebnis werden.

Flughafen Pisa, Sonntag, 12. Oktober 2014, 19.40 Uhr

Der Geschäftsführer und Inhaber von Navionics, Signore Giuseppe Carnevali, ließ es sich nicht nehmen, mich persönlich am Flughafen abzuholen. Giuseppe ist geschätzte

70 Jahre alt, Typ Mathematiker, sympathisch und eben etwas älter. Vom Flughafen Pisa fuhren wir direkt in sein Lieblingsrestaurant in Viareggio. Da ich die App-Store-Umsätze kannte, war ich mir ziemlich sicher, dass er über ein beträchtliches Vermögen verfügen dürfte. Als wir am Flughafenparkplatz sein Auto suchten, erwartete ich also zumindest einen Mercedes, BMW oder dergleichen. Stattdessen sollte es ein ziemlich heruntergekommener silberner Mitsubishi sein. Nicht, dass ich mir viel aus Autos mache, aber mir fiel dieses Detail gleich auf.

Im Restaurant angekommen, wurde er mit Handschlag begrüßt, wie man das vielleicht aus dem Edelitaliener kennt, und ich merkte, dass er hier schon seit mindestens 20 Jahren ein und aus ging. Apropos mindestens 20 Jahre: Nach dem Essen – wir hatten ein wirklich gutes Gespräch – machten wir noch eine kleine Tour durch den Yachthafen, der einige der bedeutendsten Werften für Luxusyachten beheimatet. Dann brachte mich Giuseppe in ein Hotel, was er vermutlich auch von vor 20 Jahren her kannte.

Das Hotel war eine der schlimmsten Absteigen, in der ich seit langem genächtigt hatte. Der Ort hatte den Charme eines verlassenen Küstenortes und war total in die Jahre gekommen. Man spürte, dass dies mal ein beliebter Ferienort *gewesen war*, nur wurde hier seit Ewigkeiten nicht mehr investiert. Farbe bröckelte von den Fassaden, Müll lag herum, irgendwann blieben vermutlich die Gäste aus. Die Straßen waren komplett leer – ein Geisterort –, und ich war der einzige Gast in dem Hotel, das vermutlich vor 20 Jahren das beste Haus am Platz gewesen war. An der Rezeption ein nicht besonders vertrauenswürdiger Mann, der mir beiläufig die Schlüssel aushändigte. Das Zimmer total runtergekommen, die Nachttischlampe flackerte. Ich wartete in der Nacht eigentlich nur darauf, dass ein Zombie, Massenmörder oder die Mafia bei mir anklopfte. Irgendwie fand ich es aber auch lustig – ich mag solche Abenteuer.

Dabei hatte Signore Carnevali es ganz sicher nicht böse gemeint. Schließlich war das Hotel vor 20 Jahren noch die angesagteste Unterkunft in dem Küstenabschnitt, der vor 20 Jahren ebenfalls noch angesagt war.

Die Mafia klopfte nicht und am nächsten Morgen wurde ich, zum Glück sehr früh, von Giovanni Viani im Hotel abgeholt. Giovanni war Director of Marketing und mein Hauptansprechpartner bei Navionics. Ein supernetter Kerl, typisch Italiener, sehr redselig, dicke Sonnenbrille, classic. Er sagte mir, dass wir noch kurz bei seiner Mama halten und er was abholen müsse (kein Witz), bevor es zum Yachthafen von La Spezia ging. Nachdem ich seine Mama noch kurz kennenlernen durfte, kamen wir um kurz vor neun am Hafen von La Spezia an, die Crew wartete schon auf uns.

Der Plan: Navionics-Apps in Echtumgebung, also auf dem Segelboot, zu testen. Viani erklärte mir alle Geräte und wie die App mit den externen Geräten kommunizierte. Um ehrlich zu sein, verstand ich nur die Hälfte, aber der Trip war natürlich ein absolutes Highlight meiner App-Testing-Karriere. Wann testest du bitte schon mal eine App auf einer Segelyacht samt italienischer Crew in der Bucht von La Spezia?!

Was ich allerdings sehr genau verstand: Das User Interface Design, das ich mit seinen Riesenbuttons eher missglückt und fernab unserer UI-Richtlinien einordnete, hatte einen Sinn: nämlich auch bei schwerem Seegang und bei Sonneneinstrahlung noch leicht bedienbar zu sein. Trotzdem war ich der Meinung, dass man es hätte zeitgemäßer designen können, ohne die Funktionalität und Bedienbarkeit auf hoher See zu beeinträchtigen.

Nach dem Törn gab es in der Kajüte noch Vino mit Brot und eine lokale Pastaspezialität. Alles in allem ein tolles Erlebnis, und ich möchte mich noch mal herzlich bei Giuseppe und Giovanni für ihre Gastfreundschaft bedanken.

Ein paar Monate später kontaktierte mich übrigens Signore Carnevali, um mir mitzuteilen, dass er gedenke, Navionics zu verkaufen, und die Firma vielleicht ganz gut in Apples

Portfolio passen könnte. 2017 hat er Navionics schließlich an Garmin verkauft, der Preis wurde nicht genannt.

Meinen herzlichsten Glückwunsch zu dieser Lebensleistung. Ich empfehle, einen Teil des Geldes in den Wiederaufbau von Viareggio als Touristenort zu stecken ;-)

Runtastic

Den App Store gibt es seit Juli 2008. Schon seit 2009 mit dabei: Runtastic, die Lauf- und Fitness-App aus Linz in Österreich. Zu dieser Zeit kümmerte ich mich noch um das Marketing von iTunes in Zentraleuropa und weniger um Apps. Runtastic entdeckte ich zum ersten Mal über Facebook. Kurz darauf tauchte die App auch unter den meistgeladenen Apps in Deutschland auf und wurde damit für uns relevant.

Ende 2013 übernahm ich das Ruder für den App Store, und eine meiner ersten Amtshandlungen war, mit allen relevanten lokalen Apps ins Gespräch zu kommen, natürlich auch mit Runtastic. Mein erstes Telefonat mit Florian Gschwandtner, dem Mitgründer und damaligen Geschäftsführer von Runtastic, führte ich im Zug von Berlin nach Hamburg, und er war mir sofort sympathisch. Ich erklärte ihm, wer ich bin und was ich mache. Wir sprachen über die Vision von Runtastic und wie wir in Zukunft miteinander kommunizieren sollten. Von da an blieben wir in engem Austausch, wir bekamen Roadmaps und unterstützten Runtastic regelmäßig im App Store in allen Märkten, die für die App relevant waren.

Es dauerte etwas, bis ich das erste Mal nach Linz ins Runtastic-Headquarter fuhr, aber am 16. April 2014 war es schließlich so weit. Die Firma sitzt in einem Linzer Einkaufszentrum, das mich ein wenig an US-amerikanische Shoppingmalls erinnerte. Zunächst etwas verloren, fand ich schließlich den richtigen Fahrstuhl, und Florian nahm mich gleich oben in Empfang und zeigte mir alle Räumlichkeiten, und im Anschluss hatten wir ein längeres Meeting.

APP-INSIDER:
FITNESS-APPS UND APPLE WATCH

Für Apps aus dem Gesundheits- und Fitnessbereich ist die Unterstützung der Apple Watch heute ein Muss, um im App Store, insbesondere in den USA, gefeaturt zu werden.

Auch die Unterstützung von HealthKit ist in den allermeisten Fällen sinnvoll, beispielsweise um das Onboarding zu verkürzen, indem Daten direkt aus HealthKit übernommen werden.

Insgesamt war ich dreimal bei Runtastic. Bei meinem letzten Meeting am 29. März 2017 brachte mich Florian noch bis unten vor die Tür, um mir ein Taxi zu organisie-ren. Es war das letzte Mal, dass wir uns in Linz trafen, bevor Florian das Unternehmen Ende 2018 verließ und mit dem Verkauf an Adidas den größten Exit der österreichi-schen Start-up-Historie hinlegte. Die Erfolgsgeschichte von Runtastic könnt ihr übrigens im Buch *So läuft Start-up* von Florian Gschwandtner nachlesen. Für App-Start-ups

Florian Gschwandtner: *So läuft Start-up*

aus dem deutschsprachigen Raum Pflichtlektüre! Ebenso wie dieses Buch hier ;-)

Ein Widersehen dann auf der OMR Konferenz in Hamburg im Mai 2019. Meine Pläne für dieses Buch waren bereits konkret, und ich wollte Florian vertraulich fragen, was er davon hält. Bis zu diesem Zeitpunkt hatte ich außer mit meiner Frau mit niemandem darüber gesprochen und wollte es bis zur Veröffentlichung auch nicht tun. Wer sollte ein besserer Ratgeber sein als jemand, der selbst ein Buch über seine App-Erfolgsgeschichte veröffentlicht hatte? Sein Feedback war kurz und präzise: Auf jeden Fall machen! Danke, Florian, dass du mich ermutigt hast.

Scanbot

Ein weiterer Weggefährte und der zweite Eingeweihte in meine Buchpläne war Frank Thelen. Aber noch mal kurz zurückgespult. Ich kenne Frank schon recht lange, lange bevor er durch die TV-Show *Die Höhle der Löwen* große Bekanntheit erlangt hat.

Unser erstes persönliches Treffen war am 13. Februar 2014 bei uns im Büro in München. Frank kam mit einer Keynote vorbei, in der er uns seine Geschichte und seine Pläne mit Scanbot präsentierte. Ja, anders als in den meisten meiner Meetings präsentierte er uns vor allem seine Geschichte und nicht nur eine Roadmap. Das war anders und das war gut. Teilweise etwas größenwahnsinnig, aber er verstand es, eine Story zu erzählen, die nicht nullachtfünfzehn war, sondern in den Köpfen hängen blieb: sein früher Fall, die Auferstehung und die Erfolgsstory von Scanbot.

Wer Scanbot nicht kennt: Das ist eine Scanner- und Dokumentenmanagement- App, die Scanner und Faxgeräte redundant macht. Mit Features wie der automatischen Text- und Blatterkennung, einfachen Editiermöglichkeiten und automatischer iCloud-Synchronisierung ist sie technologisch State of the Art, weshalb wir sie bereits 2015 in vielen Ländern zur App des Jahres kürten. Und um das deutlich zu sagen, das war nicht meine Entscheidung, sondern die Entscheidung des gesamten Redaktionsteams, das von der Qualität der App überzeugt war. Ich habe die App nur vorgeschlagen.

2016 hat Frank die Geschäftsführung an Christoph Wagner übertragen, um sich seiner Beteiligungsgesellschaft und vielen anderen Projekten widmen zu können.

Im Laufe der Jahre hatten wir immer mal wieder Kontakt, der auch nicht abbrach, als Frank plötzlich eine Art TV-Star wurde. Im Gegenteil, einmal schickte er mir sogar ein Selfie-Video, in dem er durch sein Bonner Office marschierte, mir die Mitarbeiter vorstellte und sich im Namen aller für unseren Support bedankte. Ich empfand das als unglaublich smart. Natürlich bekamen wir auch all das übrige Zeug in sehr hoher Qualität von Scanbot, aber das Video war die berühmte Extrameile. Es kostete ihn wahrscheinlich nur fünf Minuten, aber damit blieb er dem gesamten Redaktionsteam in Erinnerung und stach aus der Vielzahl an Roadmaps und Forecasts heraus, die uns wöchentlich erreichten. Er wusste das genau.

Am 7. Mai 2019 trafen auch wir uns auf der OMR in Hamburg im Anschluss an mein Gespräch mit Florian. Auch er bestärkte mich in meinem streng geheimen Unterfangen, ein Buch zu schreiben, und auch er sollte das als Buchautor gut einschätzen können. Ich empfehle euch sein Buch *Startup-DNA*. Eine mutmachende Geschichte über seinen

Frank Thelen: *Startup-DNA*

Werdegang und ein guter Überblick über die heißesten Tech-Themen unserer Zeit.

Im Anschluss an das Treffen mit mir trafen sich Florian und Frank übrigens in der Speaker-Lounge der OMR und merkten vermutlich schnell, dass sie beide vertraulich in meine Pläne eingeweiht worden waren. Es folgte ein Instagram-Post der beiden, der unverkennbar an mich gerichtet war. That made my day at OMR. Danke für dein Feedback, Frank, danke euch beiden!

Asana Rebel

Was Kitchen Stories für mich 2014 war, war Asana Rebel für mich zwei Jahre später – und in der Tat mit ähnlichem Ergebnis, aber dazu später mehr.

Anfang 2016 hörte ich zum ersten Mal von einer neuen Yoga-App namens Asana Rebel. Ich wusste, dass in den USA Meditations-Apps wie Mindspace und Calm schon trendig waren. In Deutschland sah man zu dem Zeitpunkt noch nicht so viel, aber ich war mir sicher, dass das auch zu uns kommen würde. Und im Entferntesten passt Yoga da auch irgendwie rein.

Am 6. April 2016 traf ich zum ersten Mal die beiden Gründer Pascal Klein und Robin Pratap sowie ihren Tech-Chef Pavlos Dimitriou in unserem damaligen Berliner Büro am Gendarmenmarkt. Mein erster Eindruck:

A) Ein verdammt gut aufgestelltes Gründerteam mit der notwendigen Tech-, Business- und Produktkompetenz, dazu überzeugend und leidenschaftlich in der Präsentation.
B) Ein Produkt, das es in der Form noch nicht gibt.
C) Dazu ein Markt, der zumindest mobil noch ganz am Anfang steht.

Mir war schnell klar: Asana Rebel is the next Kitchen Stories. Mit dieser Erkenntnis deklarierte ich Asana Rebel zu einer Priorität und versuchte ihnen bestmöglich zu helfen. Heißt konkret, die App ausgiebig zu testen, Verbesserungspotenziale aufzuzeigen und ihnen zu sagen, welche Features, Lokalisierungen und nächsten Schritte aus App-Store-Sicht am wichtigsten sind. Außerdem wie, in welchem Format und wann man am besten mit Apple kommuniziert, um gehört zu werden. Das App-Store-Team bekommt wöchentlich eine Vielzahl an neuen Apps und App-Updates. Noch dazu auf globaler Ebene und von Playern, die monatlich über 100 Millionen US-Dollar Umsatz machen. Da ist es nicht leicht, wahrgenommen zu werden.

Gleichzeitig rührte ich Apple-intern für sie die Werbetrommel, was zu Beginn ehrlich gesagt nicht so leicht war. Als ich die App zum ersten Mal der PR-Abteilung vorschlug, kam so was zurück wie: „This is a yoga app – are you kidding me?" Meine Antwort darauf war: „Yes, this is *the* yoga app that will change the way yoga is perceived worldwide."

Und genau das taten die Jungs. Yoga gibt es schon seit mehreren Hundert Jahren. Während sich im Zuge der globalen Digitalisierung und der damit einhergehenden Dauerbeschallung immer mehr Leute nach innerer Ruhe und Ausgleich sehnen, haben sich die Angebote aber kaum verändert. Die meisten Yoga-Angebote sind eher esoterisch angehaucht, wenig cool und wenig zeitgemäß. Die Idee von Asana Rebel war so simpel wie genial. Yoga neu zu positionieren, Nike-like statt Räucherstäbchen und mithilfe des App Stores einer globalen Zielgruppe zugänglich zu machen. Zudem weiteten Pascal und Robin die Zielgruppe noch weiter aus, indem sie von „Fitness-inspired Yoga" sprachen. Also nicht nur Yoga, sondern auch Fatburn, Shaping und was der vornehmlich weiblichen Zielgruppe noch so wichtig ist.

Inzwischen macht Asana Rebel nur über den App Store Umsätze im zweistelligen Millionenbereich und ist vor allem auf dem US-amerikanischen Markt erfolgreich. Am 21. Oktober 2018 kam Tim Cook zum zweiten Mal nach Berlin, um ein Berliner App-Start-up zu treffen. Dieses

Mal traf er eine Yoga-App. @Apple PR: I am not kidding you ;-)

Blinkist

Anfang 2015 traf ich zum ersten Mal die Gründer von Blinkist in ihrem damaligen Büro (beziehungsweise Keller) in der Wiener Straße 35 in Berlin. Irgendjemand aus meinem Netzwerk hatte mir von Blinkist erzählt, und ich wollte mehr über die App erfahren.

Wer Blinkist nicht kennt: Die App ermöglicht es, das Wichtigste aus Sachbüchern in 15 Minuten zu lesen oder zu hören, indem sie deren Kernaussagen zusammenfasst und in Text- und Audioform anbietet.

Ich erinnere mich noch ziemlich genau an unser erstes Meeting. Ein kleiner Kellerraum ohne Tageslicht. Ich saß auf einem ranzigen Sofa, Niklas Jansen, einer der Gründer, auf einer Holzkiste. Um uns herum ein paar weitere Kollegen, das Team dürfte maximal aus acht Leuten bestanden haben. Dann das übliche Prozedere: Vorstellungsrunde, kurzer Product Pitch, Roadmap und anschließende Diskussion. Mein erster Eindruck war, dass die Jungs smart und authentisch waren. Und die Idee hatte das Potenzial, den Sachbuchmarkt zu „disrupten". Was mir außerdem gefiel, war ihre Mission, die Welt ein wenig schlauer machen zu wollen. Ein guter Fit mit den Apple-Werten, und so blieben wir von da an in Kontakt.

Zu der Zeit beschrieb sich Blinkist noch als: „Blinkist distills big ideas from non-fiction books into powerful fifteen-minute reads." Heute sagen sie: „Books in 15 minutes". Ich würde behaupten, dass der heutige Claim in der Breite besser funktioniert.

APP-INSIDER:
AUDIO-CONTENT

Die Einführung von Audio-Content war der Tipping Point für Blinkist. Plötzlich konnten Millionen von Pendlern, vor allem in den USA, Blinkist auch beim Autofahren nutzen.

Zu Beginn gab es die sogenannten Blinks nur zum Lesen. Der Durchbruch gelang ihnen, als sie die Zusammenfassungen auch zum Hören anboten. Nun konnten Millionen von Pendlern, vor allem in den USA, Blinkist plötzlich auch am Steuer nutzen, dazu beim Laufen, beim Putzen oder bei jeder anderen Aktivität, bei der man die Hände nicht frei hatte. Und das machte sich schnell in den Zahlen bemerkbar. Downloads und Subscriptions gingen durch die Decke, und die Company wuchs schnell von damals acht auf inzwischen knapp 200 Mitarbeiter.

Ende 2017 sah ich in der Firma sogar eine Opportunity für Apple und stellte das Unternehmen der Mergers-&-Aquisitions-Abteilung (M&A) vor, die sich mit Firmenübernahmen beschäftigt. Meine Vision war eine Übernahme und Integration des Service in unseren Buch-Service. Ein innovatives Produkt mit Werten, die perfekt zur Apple-DNA passten und unser Buchgeschäft in völlig neue Sphären hätte heben können.

Am 12. April 2018 traf ich die Geschäftsführer Holger Seim und Niklas Jansen schließlich zum Mittagessen und hatte danach eine Videokonferenz mit den Verantwortlichen aus Cupertino, um sich auszutauschen. Diese waren gerade in London und hätten eigentlich für das Meeting nach Berlin fliegen sollen. Da sie aber von irgendeinem Streik gehört hatten, zogen sie es vor, das Ganze kurzfristig per Videokonferenz zu machen.

Das Feedback aus Cupertino war sehr positiv, aber am Ende kam es zu keinem Deal. Für Apple waren sie zu dem Zeitpunkt bereits zu groß und beschäftigten mehr Mitarbeiter als unser globales Buchgeschäft.

Als mich die PR-Abteilung Anfang Oktober 2019 mal wieder bat, einen Entwickler für den nächsten Berlinbesuch von Tim Cook vorzuschlagen, war die Antwort klar. Am 30. September 2019 besuchte Tim Blinkist in ihrem Büro in Berlin-Neukölln. Für mich ein gelungener Abschluss einer längeren Reise.
Ein tolles Unternehmen mit ambitionierten Plänen und einer starken Mission. Jungs, ich drück euch weiterhin die Daumen!

N26

Es gab eine Phase, in der ich mich vermehrt mit Venturecapital-Gesellschaften traf. Das sind Geldgeber, die meistens in einer frühen Wachstumsphase in Start-ups investieren. Der App Store investiert zwar kein Geld, aber Zeit und Know-how in App-Start-ups, und davon gibt es bekanntlich sehr viele. Mein Gedanke war, Zeit zu sparen, indem wir uns das App-Portfolio der größten VCs anschauten, deren Apps alle bereits durch diverse Pitches und Due Diligences gegangen sind. Für die VCs war es wiederum von Vorteil, wenn Apple unentgeltlich ein Start-up aus ihrem Portfolio pushte. Kurzum: eine klassische Win-win-win-Situation, und ich stellte fest, dass die Bewertungskriterien am Ende des Tages auf beiden Seiten gar nicht so verschieden waren.

Bei einem Treffen mit Early Bird – einem der führenden Berliner VCs – machte ich Bekanntschaft mit Simon Schmincke, heute Partner bei Creandum (investiert unter anderem in Spotify). Wir tauschten uns über gemeinsame Opportunities aus, ich erklärte, wie wir arbeiten und an welchen Apps wir grundsätzlich Interesse hätten. Am Ende des Gesprächs drückte er mir eine Karte mit einem Einladungscode zu einer neuen Bank namens N26 (damals noch Number26) in die Hand, die ich mir unbedingt mal anschauen sollte.

Die Idee war interessant, das Pitch Deck machte einen professionellen Eindruck, ich wollte das Team kennenlernen.

Kurz darauf organisierte ich mal wieder eine „Meet the Berlin-Start-ups"-Tour für ein paar internationale Apple-Kollegen. Mit auf der Liste Number26, die zu diesem Zeitpunkt temporär in einem Kreuzberger Office untergekommen waren. Hier traf ich den Co-Founder Valentin Stalf zum ersten Mal. Er erzählte uns von seiner Vision, Banking einfach zu machen. Warum in eine Bankfiliale laufen, um ein Konto zu eröffnen, wenn ich das in fünf Minuten von zu Hause per Videochat erledigen kann? Die Vision war eine mobile Bank in der Hosentasche für ganz Europa, mit der ich all meine Banktransaktionen sicher, schnell und einfach im Handumdrehen erledigen konnte.

Neben dem Mobile-Fokus, dem Commitment für unsere Technologien (TouchID, Siri und Messenger Support, Peer-to-Peer-Payment) überzeugte uns letztlich auch das Team. Wir wollten N26 unterstützen. Die ganze Geschichte zu N26 könnt ihr euch in der OMR-Podcast-Folge Nummer 206 mit Valentin Stalf anhören.

OMR-Podcast #206 mit Valentin Stalf von N26

Was dann folgte, waren Tipps und Tricks, um im App Store erfolgreich zu werden. Wir halfen mit UI/UX-Workshops, bei der App-Store-Optimierung und stellten sicher, dass die App auch bei den Kollegen in den USA auf dem Radar war.

In der Keynote vom 13. Juni 2016 präsentierte Craig Federighi die Neuerungen von iOS 10. Unter anderem, dass eine Überweisung zukünftig mittels Spracheingabe getätigt werden kann. Und jetzt ratet mal, welche App hier den Millionen von Zuschauern weltweit vorgestellt wurde: N26 aus Deutschland.

Inzwischen ist N26 auf über 1300 Mitarbeiter gewachsen, mit über 3,5 Milliarden Dollar bewertet und hat im Juli 2019 in den USA gelauncht.

Algoriddim

Die wenigsten kennen die Firma Algoriddim, aber viele deren App djay. Die wird nicht nur von David Guetta, Snoop Dogg und dem DJ von Justin Bieber genutzt, sondern auch von Millionen von Hobby-DJs auf der ganzen Welt. Darunter auch ein gewisser DJ Arch Jnr aus Südafrika, der schon im Alter von zwei Jahren an den Reglern stand, im Alter von drei *South Africa's got talent* gewann und heute mit sieben zusammen mit seinem Papa als DJ um die Welt tourt. Auf YouTube findet ihr ein paar beeindruckende Videos von ihm.

 DJ Arch Jnr

Im August 2019 fand auch das erste DJ-Set aus dem Weltall statt. In Kooperation mit der European Space

Live from Space with Luca Parmitano

Agency (ESA) und der deutschen Nightlife-Marke BigCity-Beats performte der italienische Astronaut Luca Parmitano eine Session, die live zur Erde, genauer gesagt: zu einem Partyschiff auf dem Mittelmeer, gestreamt wurde. Seine Message: Musik ist neben der Mathematik eine universelle Sprache für alle Menschen auf der Erde. Für seine Performance nutzte er ein iPad Pro mit der djay-App.

Die Firma Algoriddim wird von Karim Morsy gemanagt und sitzt in einem ziemlich coolen, eher L.A.- als München-typischen Gebäude direkt am Englischen Garten. Karim hat früher mal als Praktikant bei Apple in Cupertino gearbeitet und versteht seitdem sehr gut, wie Apple tickt. Es ist beeindruckend, was er und sein Team die letzten Jahre mit Apple alles erreicht haben:

- Apple Design Award 2011 und 2016
- Apps for Red Partner 2015
- Apple Music Festival Partner 2015
- Apple Keynote Demo 2016
- Besuch von Tim Cook 2019

Als sich, wie bereits erwähnt, Anfang Oktober 2019 ein weiterer Topmanagement-Besuch ankündigte, wurde ich gebeten, auch für München einen Entwickler vorzuschlagen. Zuerst sollten es gute Apps im Kontext des Oktoberfestes sein, was ich sofort abwinkte. Es gibt zwar ein paar nützliche Apps für den Wiesn-Besuch, aber sicher keine, mit der ich Tim Cook hätte losschicken wollen. Unabhängig davon bin ich mir nicht sicher, ob die US-Kollegen die Wiesn wirklich verstanden hatten, also war es mein Job, sie von der Idee abzubringen.

Karim hatte Tim Cook schon mal kurz 2016 im Silicon Valley getroffen. In der Keynote vom 27. Oktober 2016 demonstrierte er auf großer Bühne die Nutzung von djay über die Touch Bar des neuen Mac Book Pro. Ich verfolgte die Veranstaltung über Livestream und sendete ihm direkt danach meine Glückwünsche per Textnachricht.

Am 29. September 2019 dann ein Wiedersehen mit Tim in München. Nachdem er das obligatorische Wiesn-Foto (ohne Entwickler) auf dem Balkon des Käferzeltes geschossen hatte, besuchte er Algoriddim in deren Büro. Ich konnte leider nicht dabei sein, aber im Anschluss bedankte sich Karim per Textnachricht bei mir. Ich antwortete ihm, dass ich jetzt leider nicht mehr wisse, wer ihn als Nächstes besuchen sollte. Kurz darauf folgte Tims Twitter-Tweet über seinen Besuch.

Hier noch eine lustige Geschichte am Rande: Sie ereignete sich auf der WWDC 2015 in San Francisco. Für die Nichtentwickler unter Euch: WWDC steht für Apples World Wide Developer Conference. Intern wird die Veranstaltung nur „Dub Dub" (vom Englischen double-u) genannt. Die Konferenz richtet sich an die weltweite Entwickler-Community und findet jeden Juni in San José (früher San Francisco) statt. Es gibt circa 5000 Tickets, die unter den rund 20 Millionen Entwicklern weltweit verlost werden, dementsprechend schwer ist es, da ranzukommen. Die glücklichen Gewinner schicken meist ihre Programmierer zu den zahlreichen sehr codinglastigen Sessions. Aber auch viele Businessleute sind in der Woche in San José und treffen sich in irgendwelchen Hotellobbys.

Zur Eröffnung der fünftägigen Konferenz gibt es immer eine Keynote, die mit Spannung erwartet und live übertragen wird. Und natürlich will hier jeder dabei sein, was faktisch unmöglich ist. Auch für Apple-Mitarbeiter sind die Tickets streng limitiert. Will heißen, wenn du nicht gerade zum US-Executive-Team gehörst, bekommst du keins.

Als ich 2015 gewissermaßen als Europa-Vertreter des App-Store-Teams auf der WWDC war, wollte ich unbedingt bei der Keynote live dabei sein, und da kam mir eine Idee. Ich kontaktierte Karim, von dem ich wusste, dass er zwei Tickets hatte. Wir trafen uns kurz davor direkt vorm Moscone Center, und er übergab mir das Bändchen seines Kollegen, der bereits drinnen war.

So konnte ich mich wie zu Teenagerzeiten ins Moscone Center schmuggeln. Parallel fand eine Public-Viewing-Veranstaltung meiner amerikanischen App-Store-Kollegen statt, zu der auch ich eingeladen war. Bevor es losging, schwenkte die Kamera durch den Saal, und ich war groß zu sehen. Im Anschluss musste ich mir viele Fragen anhören, wie ich es denn in die Keynote geschafft hatte. Manchmal muss man sich halt etwas einfallen lassen.

Project Berghain

Was mit Kitchen Stories begann, wollte ich mit anderen Apps wiederholen. Und wie so häufig lag die Kernfrage in der Skalierung unserer Tätigkeiten. Oder anders ausgedrückt: Wie können wir mehr Start-ups in einer smarten Art und Weise helfen? Und wie können wir den Standort Deutschland und vor allem Berlin bei den Kollegen in Cupertino auf den Schirm bringen?

2016 begann ich ein Programm aufzusetzen, was ich intern „Silicon Alley Berlin" nannte. Ende 2018 folgte eine Weiterentwicklung unter dem Namen „Project Berghain".

Die meisten meiner US Kollegen hatten schon mal was von dem berüchtigten Berliner Club gehört oder würden danach googeln. Von daher erschien mir der Name eine gute Wahl, um Aufmerksamkeit zu erlangen.

Drei Monate screenten und testeten wir über 300 Apps und wendeten verschiedene produkt- und businessbezogene Filterkriterien an. Den besten 20 Apps schickten wir zusätzlich einen Fragenkatalog. Schließlich luden wir zehn Apps zu Pitch-Meetings in Berlin ein. Das gab uns die Möglichkeit, die Gründer persönlich kennenzulernen und sie mit weiteren Fragen zu löchern.

Nach all dem Prozedere entschieden wir uns schließlich für fünf Apps, die wir in den kommenden Monaten bestmöglich unterstützen wollten. Tolle Apps, deren Ideen und Designs, aber vor allem auch deren Gründerinnen und Gründer uns überzeugten. Wir machten UI/UX-Reviews, hielten Subscription Workshops, verrieten Tipps und Tricks aus redaktioneller Sicht und luden alle fünf zum Programmabschluss nach London ein, wo sie dem UK-Team und uns die Learnings der letzten drei Monate präsentierten. Es folgte eine dreimonatige redaktionelle Unterstützung im Store. Diese fünf Apps waren:

- Keleya: die Schwangerschafts-App
- Mighty: die Selbstverteidigungs-App
- Simpleclub: die Lern-App
- Feastr: die Ernährungs-App
- Endel: die Sound-App

Wie ihr seht, fünf Apps aus komplett unterschiedlichen Genres. Was sie alle gemein haben, war ein abobasiertes Geschäftsmodell, ein innovatives Produkt und ein starkes Gründerteam, das uns im Pitch überzeugte.

Zusätzlich organisierten wir eine Reihe größerer Veranstaltungen, zu denen wir die vielversprechendsten Apps aus dem Testpool einluden. Insgesamt haben über 150 Teilnehmer unsere Sessions in Berlin, München und Wien durchlaufen. Das Feedback war phänomenal, und nicht nur die Teilnehmer, sondern auch mein ganzes Team und ich haben eine Menge gelernt.

Die Sessions gliederten sich immer in zwei Teile. Einen Präsentationsteil, in dem wir den Teilnehmern Updates und Insights zu business-, marketing- und produktrelevanten Themen gaben, und einen Networkingteil, in dem die Entwickler die Gelegenheit hatten, uns ihre App vorzustellen und Fragen zu stellen. Für unser Curriculum bekamen wir gutes Feedback von den Teilnehmern. Aber am meisten schätzten sie den Networkingpart, da man endlich mal die Gelegenheit hatte, mit Apple zu sprechen und Feedback zu bekommen.

Auch der Fokus der größeren Sessions lag auf abobasierten Apps, und ich muss sagen, dass wir nicht nur in Berlin, sondern auch an den anderen Standorten ein paar spannende neue Apps entdeckten.

Das durchschnittliche Qualitätsniveau von Apps aus dem deutschsprachigen Raum ist im internationalen Vergleich übrigens ausgesprochen hoch. Gerade in Berlin gibt es ausreichend internationale iOS-Programmierer, denen San Francisco oder London zu teuer geworden ist. Die vielen Start-ups ziehen Veranstalter an, und die Veranstaltungen sorgen wiederum für einen regelmäßigen Austausch unter den Entwicklern. Die Szene ist gut verdrahtet, und man lernt voneinander, was durchaus ein Standortvorteil ist.

Auf der anderen Seite bedeuten mehr Möglichkeiten auch immer mehr Fluktuation. Will heißen, dass ein Team in einer Kleinstadt in der Regel beständiger ist und vielleicht sogar fokussierter arbeiten kann als sein Pendant in Berlin.

Am Ende ist es dem Nutzer und übrigens auch Apple egal, wo eine App *herkommt*, entscheidend ist, dass sie bei ihrer Zielgruppe *ankommt*. Meine Mission ist es, die besten Apps – egal woher – zu finden und ihnen zu helfen, erfolgreich zu werden.

Aber was macht eine App erfolgreich? Der App Store hat (ausgenommen die Spiele) 24 Kategorien, und in denen gibt es schon heute für so ziemlich alles eine App. Daher ist die Frage pauschal ungefähr so einfach zu beantworten wie die Frage „Wie werde ich Millionär?".

Dennoch gibt es aus meiner Sicht ein paar allgemeine Erfolgsfaktoren und Tipps, die ich gerne mit euch teile.

Ich bin davon überzeugt, dass Durchhaltevermögen etwa zur Hälfte den Unterschied macht zwischen erfolgreichen und nicht erfolgreichen Unternehmern.

Steve Jobs

Erfolgs-
faktoren

Die drei P: Product, People, Passion

Ich habe im Studium noch gelernt, dass es im Marketing-mix von Produkten die vier P gibt: Product, Price, Place, Promotion. So wäre das iPhone eines der technologisch führenden Smartphones (Product), das im Hochpreis-segment angesiedelt ist (Price), über Preferred Reseller und eigene Stores vertrieben wird (Place) und über eine Vielzahl von Kommunikationskanälen, unter anderem TV-Werbung, beworben wird (Promotion).

Der App Store hat aber die Regeln von Vermarktung und Distribution digitaler Produkte (Apps) komplett neu geschrieben. Und sie ändern sich dazu ständig. Waren bis 2013 noch Premium-Apps (einmal zahlen, immer nutzen) die meistverkauften Apps im App Store, wurde schon 2017 der meiste Umsatz mit kostenlosen Apps und In-App-Purchase gemacht. Heute ist das Abomo-dell für Apps nicht nur das größte, sondern auch das am schnellsten wachsende Geschäftsmodell. Aber dazu später mehr.

Für erfolgreiche App-Unternehmen bedeutet das: Sie müssen in der Lage sein, ihr Geschäft an diese sich stän-dig ändernden Rahmenbedingungen anzupassen. Und am besten gelingt das nach meiner Erfahrung Entwick-lern, die folgende Bereiche beherrschen. Ich nenne sie die drei P:

Product

Im App Store gibt es knapp zwei Millionen Apps[15], und die nächste App ist immer nur einen Tab entfernt. Dazu gibt es Rezensionen, Influencer und Blogs, kurz: Überfluss und Transparenz. Während vor zehn Jahren noch „Ok-Software" durch ein entsprechendes Push-Marketing und mangelnde Transparenz ihre Abnehmer fand, hat sich das heute total gewandelt. Für abobasierte Apps kommt es heutzutage im Kern auf zwei Dinge an: Ist die App so gut (und besser als die der Wettbewerber), dass sie das Leben der Nutzer bereichert, und sind die Nutzer bereit, Geld dafür zu bezahlen? Nur wenn beide Bedingungen erfüllt sind, kann die App langfristig erfolgreich sein. Wenn nicht, würde ich die Finger davon lassen. Von dieser Regel ausnehmen möchte ich Apps, die über Werbung oder außerhalb des App Stores monetarisieren.

People

Um so eine App zu entwickeln und erfolgreich zu vermarkten, bedarf es eines absoluten Rockstar-Teams. Ich würde sogar sagen, dass das Team wichtiger ist als die eigentliche Produktidee oder App, für die es steht. Denn nur wenn das Team in der Lage ist, die Wünsche der Kunden zu erkennen, umzusetzen und das Produkt dementsprechend ständig weiterzuentwickeln, wird es am Ende die beste App für den entsprechenden Use Case sein. Dazu

---

[15] https://www.statista.com/statistics/276623/number-of-apps-available-in-leading-app-stores/

gehört auch, zum richtigen Zeitpunkt den Stecker zu ziehen, umzudenken und den Mut zu haben, eine komplett neue Richtung einzuschlagen. Hierzu haben die wenigsten Teams die Kompetenz, den Mut und die Ausdauer. Teams, die das können, sind am Ende meist erfolgreich.

Wie so häufig gibt es auch hier keine magische Formel, aber nach meiner Erfahrung gehören folgende Persönlichkeiten in ein Gründer- oder zumindest ins Managementteam:

Der Kundenversteher
Jemand der User Interface Design versteht und das Produkt konsequent auf den Kundennutzen hin optimiert. Und das vom Onboarding bis zur Abokündigung.
Gute Apps sind nicht überladen, sondern fokussieren auf das, was der Nutzer von ihnen erwartet. Sie sind intuitiv in der Bedienung sowie gefällig und modern im Design. Der Kundenversteher muss in der Lage sein, Wichtiges von Unwichtigem zu trennen, um damit den Programmierern und den Nutzern Zeit zu sparen.

Der Programmierer
Jemand, der das technische Front- und Backend versteht und von vorneherein effizient, flexibel und in die Zukunft gerichtet bauen kann. Er sollte über ausreichend Programmiererfahrung in Swift verfügen und am besten bereits ein paar Apps programmiert haben. Ich habe selten herausragende Apps von ganz neuen Programmierern gesehen.

Der Verkäufer
Jemand, der nicht nur das Produkt, sondern auch die Vision optimal nach außen verkaufen und andere inspi-

rieren kann. Er muss verstehen, wann man mit wem wie sprechen muss, um andere für die Sache zu gewinnen. Im Idealfall verfügt sie oder er bereits über ein großes Netzwerk.

Ich habe es noch nie erlebt, dass ein Gründer alle drei Bereiche beherrscht – manchmal zwei –, und würde daher dringend dazu raten, zunächst das Team zu komplettieren, bevor es richtig losgeht.

Passion

Wenn eine gute App von einem guten Team „gebaut" wird, dann fehlt nach meiner Erfahrung noch ein i-Tüpfelchen, ohne das es nicht geht. Ich nenne es, damit es in die Drei-P-Alliteration passt: Passion.

Ich hatte die letzten fünf Jahre über 1000 Meetings mit Gründern und App-Entwicklern. Einige kann man nach fünf Minuten abbrechen, einige sind gut, aber werfen viele Fragen auf. Aber die besten Meetings sind die, wo Produktidee, Gründerteam und Leidenschaft miteinander verschmelzen. Wo die Gründer für ihr Produkt merklich brennen und bereit sind, dafür einmal um die Welt zu gehen. Wo hinter der Kompetenz auch noch eine glaubwürdige Mission und ein fühlbarer Drive stehen.

Niemand möchte seine Zeit oder sein Geld verschwenden. Wenn die Gründer aber den Eindruck vermitteln, ohne Wenn und Aber für ihr Produkt einzustehen, verringert das ungemein das persönlich empfundene Risiko. Wenn noch dazu der Gründer durch Sympathie und Authentizität punkten kann und die App einen gesellschaftlichen Nutzen verspricht, dann möchtest du das Projekt unterstützen.

Also, liebe App-Entwickler da draußen: Checkt mal euer Gründer- und Managementteam.

- Habt ihr den Kundenversteher, den Programmierer und den Verkäufer bereits an Bord?
- Könnt ihr eine App bauen, die das Leben eurer Nutzer bereichert?
- Gibt es dafür eine zahlungswillige Zielgruppe, und ist diese groß genug?
- Und zuletzt: Brennt ihr für das, was ihr tut? Oder kann zumindest einer im Team diese Leidenschaft auf andere (Investoren, Partner, Kunden) übertragen?

Wenn ihr diese Fragen wirklich mit einem klaren Ja beantworten könnt und ambitionierte Pläne habt, dann würde ich gerne mehr über eure App erfahren.

Die Werbung kommt zuletzt

… und das sagt ausgerechnet der Marketing-Experte ☺

In einer Welt, in der die nächste App einen Tap entfernt ist, in der jeder mit jedem seine Produkterfahrungen teilt und Preise vollkommen transparent sind, habt ihr keine Chance, wenn euer Produkt nicht überzeugt. Lest den Satz bitte noch mal und denkt darüber nach, was das für eure Marketingausgaben bedeutet.

Werbung oder auch Paid User Acquisition ist der letzte Schritt, den ihr für eure App gehen solltet. Zuerst kommt eine konsequente Ausrichtung des Service am Kundennutzen, damit einhergehend eine ständige Optimierung auf Basis des Feedbacks, das ihr von euren Kunden bekommt (und hoffentlich auch einholt). Testet nicht nur die wichtigsten Use Cases eurer App, sondern die komplette Experience von Suche und Download über Onboarding und Aboabschluss bis Kündigung.

Wie wird euer App-Icon neben den Icons eurer Hauptwettbewerber wahrgenommen? Dazu braucht ihr oft keine 1000 Mann starke Testgruppe. Wenn neun von zehn Nutzern aus eurer Zielgruppe das Icon der Konkurrenz ansprechender finden, läuft schon am Anfang der Customer Journey etwas falsch. Selbst einen Kündigungsflow könnt ihr optimieren und den Kunden vielleicht doch noch zurückgewinnen oder zumindest in positiver Erinnerung bleiben.

Ich erlebe es immer wieder, dass Entwickler vor lauter Bäumen den Wald nicht sehen. Die etablierten Player neigen dazu, Dinge, die in der Vergangenheit entschieden wurden, nicht mehr infrage zu stellen, und wundern sich dann, warum die Zahlen runtergehen. „Wir haben seit dem Redesign nichts verändert, und plötzlich geht die Download to Paid Conversion bergab." Oder: „Wir würden das Onboarding ja gerne vereinfachen, aber das Marketingteam sträubt sich." Ganz ehrlich, scheiß drauf! Wenn der Kunde mit eurer App nicht zufrieden ist, wird es das Marketing auch nicht retten können. Die Dinge ändern sich, und was heute funktioniert, muss morgen nicht genauso funktionieren.

Die Start-ups sind meist agiler. Hier sind es häufig eher elementare Dinge, warum die App nicht heruntergeladen wird und – noch viel wichtiger – Kunden sich nicht für das Premium-Abo entscheiden. Wenn dann zeitgleich viel Geld mit User Acquisition versenkt wird, tut das weh, und ich denke mir immer: Fix the product first!

Auch ein App-Store-Feature ist dann kontraproduktiv. Wenn 10000 Kunden eure App herunterladen, sich nur drei davon für ein Premium-Abo entscheiden und 200 eine 1-Sterne-Bewertung hinterlassen, dann hat euch das Feature geschadet und nicht genutzt. Nur ein zufriedener Kunde ist ein guter Kunde. Das galt schon immer, nur ist die Bedeutung inzwischen potenziert, da Kundenmeinungen einfacher, schneller und mit einem viel größeren Empfängerkreis geteilt werden.

- Habt ihr im Rahmen eurer Möglichkeiten wirklich alles getan, um die Produkterfahrung von A bis Z für eure Kunden zu optimieren?
- Wann habt ihr das das letzte Mal getan, und was hat sich seitdem geändert?
- Gibt es neue technologische Entwicklungen, die vielleicht alle bisherigen Erkenntnisse infrage stellen (zum Beispiel Sign-in with Apple)?
- Wenn ihr das alles mit Ja beantworten könnt, dann solltet ihr euch jetzt noch mal die gleichen Fragen aus der Monetarisierungsperspektive stellen, womit wir beim nächsten Kapitel wären.

Erst danach würde ich über bezahlte Werbung nachdenken.

An alle Marketingexperten da draußen: Ich bin mir bewusst, dass man dieses Kapitel lange und kontrovers diskutieren kann. Angefangen mit der Frage, was Werbung und Marketing denn eigentlich beinhalten oder „Muss ich nicht Nutzer akquirieren, um überhaupt ausreichend Testnutzer für die App zu gewinnen?". Das ist alles richtig, und die App-Welt ist extrem komplex und vielschichtig. Mir war es aber wichtiger, die Kernaussage zu verankern, als fachlich korrekt zu sein. Ich hoffe, es ist rübergekommen.

Monetarisierung

Die Zeiten, in denen ein App-Store-Feature ausreicht, um eine App erfolgreich zu machen, sind vorbei. Zu groß ist das Angebot, zu komplex ist der App Store, und es gibt zu vieles, was um die Aufmerksamkeit der Nutzer buhlt. Dazu kommt, dass sich das Businessmodell der ersten Apps im Vergleich zu den heutigen Apps komplett verändert hat.

Im Jahr 2008 gab es zunächst nur kostenlose und bezahlte Apps. Erstere waren entweder Hobbyprojekte oder refinanzierten sich über Werbung, sprich: je mehr Reichweite, desto besser. Bei den Paid Apps entsprach ein Download einem Sale. Wenn du also über ein prominentes App-Store-Feature 100000 Downloads generiert hattest und deine App 99 Cent kostet entsprach das 99000 Euro

Umsatz, abzüglich der 30 Prozent Provision[16] für den Plattformbetreiber also knapp 70000 Euro Netto-Umsatz.

Heute ist der Umsatzanteil von Paid Apps verschwindend gering, stattdessen haben sich In-App-Purchase und Subscription durchgesetzt. In-App-Käufe finden sich wiederum in sogenannten Freemium- und Paymium-Apps. Beim Freemium-Modell lädt man sich eine App kostenlos herunter und zahlt dann für weiteren Content oder Features innerhalb der App. Die Game-Welt wird von Freemium-Spielen dominiert, „Candy Crush", „Homescapes", „Clash of Clans" oder „Fortnite" funktionieren nach diesem Prinzip.

Beim Paymium-Modell zahlt man schon für den Download und kann dann weiteren Content oder Features innerhalb der App dazukaufen. Ein prominentes Beispiel dafür wäre das Spiel „Minecraft", das initial 7,99 Euro kostet und dann durch weitere Zukäufe ergänzt werden kann. Verglichen mit den globalen Freemium-Umsätzen ist der Umsatzanteil von Paymium-Apps eher gering.

Auf der App-Seite (also Nichtspiele) sind inzwischen Abonnements nicht nur das am schnellsten wachsende, sondern auch das mit Abstand größte Geschäftsmodell nach Umsätzen weltweit. Hier laden sich die Nutzer die App kostenlos herunter und können dann durch Abschluss eines Abonnements weitere Inhalte oder Funktionalitäten freischalten. Apps wie Tinder, Dazn oder Headspace funktionieren so.

---

[16] https://developer.apple.com/programs/whats-included/

Was beide Modelle (also In-App-Purchase und Abo) gemein haben, ist, dass mit dem initialen Download der App
kein Geld verdient wird. Ferner, dass nur ein Bruchteil der
Nutzer überhaupt bezahlt und der Rest die App kostenlos
nutzt. Die zahlenden Nutzer zahlen dann aber entweder
sehr viel (bei Spielen) oder regelmäßig (bei Apps), was
beide Modelle für den Entwickler sehr lukrativ macht.

Aus diesem Businessmodell-Shift ergeben sich tiefgehen-
de Konsequenzen für die Monetarisierungsstrategie. Die
Gaming-Industrie hat das verhältnismäßig früh erkannt,
und größere Game-Studios beschäftigen heute ganze
Teams damit, ein Spiel von A bis Z auf Monetarisierung zu
optimieren. Entwickler, die das gut machen, können ein
Spiel über Jahre hinweg erfolgreich am Markt platzieren,
immer weiter ausbauen und sehr viel Geld verdienen.

Der App-Bereich hängt meiner Meinung nach in puncto
Monetarisierung noch etwas hinterher, weshalb ich an dieser Stelle noch mal genauer auf Apps eingehen möchte.

Bei der Bewertung von kostenpflichtigen Apps habe ich
inzwischen einen recht umfangreichen Kriterienkatalog
entwickelt. Man könnte es ein Scoring-Modell nennen, das
die Qualität und das Monetarisierungspotenzial von Apps
durchleuchtet und darauf basierend Verbesserungspotenziale aufzeigt.

Hier gibt es zum einen die produktbezogenen Kriterien wie
User Interface Design, Innovationsgrad, Funktionalität und
Effektivität. Und zum anderen die Key Performance Indi-
cators (KPI) wie Download to Trial und Download to Paid

Conversion Rate, Average Sessions per Active Device sowie Average Retention. Am Ende kommt es wie bereits erwähnt primär auf zwei Dinge an, damit eine abobasierte App erfolgreich sein kann:

1. Enrich people's lives. Die App muss das Leben der Nutzer bereichern.
2. Monetize. Die App muss Nutzer in zahlende Kunden konvertieren.

Wenn Punkt 1 nicht erfüllt ist, werden die Kunden die App nicht nutzen und somit auch nicht bereit sein, wiederkehrend in Form eines Abos zu zahlen.

Wenn Punkt 2 nicht erfüllt ist, fehlt dem Entwickler früher oder später das Geld, um dauerhaft Punkt 1 zu erfüllen.

Ein Abonnement ist nicht nur eine Zahlungsmethode, sondern auch ein Wertversprechen. Der Kunde erwartet regelmäßige Updates, und der Entwickler muss sich die regelmäßigen Zahlungseingänge *verdienen*.

Gerade Start-ups sind oft begeistert von ihrer Idee, wollen die Welt revolutionieren und setzen erst mal nur auf Reichweite und nicht auf Monetarisierung. „Unsere App ist für alle kostenlos, und wir wollen erst mal nur Reichweite aufbauen. Wir haben natürlich viele Ideen für die Monetarisierung, aber die steht erst mal nicht im Fokus", höre ich dann. Nicht selten werden die Gründer von ihren Risikokapitalgebern in dieser Meinung bestärkt. Die denken schließlich an ihr Multiple in ein paar Jahren und weniger an direkte Erlöse.

Ich denke, dieses Vorgehen ist nicht mehr zeitgemäß, und meine These lautet: „Monetarisierung ist ein USP." Was will ich damit sagen?

Das Abogeschäft basiert auf „Ongoing Value". Gemäß Apples App Review Guidelines[17] muss eine App permanent neue Inhalte oder neue Features liefern, um überhaupt ein Abo anbieten zu dürfen. Nach meiner Erfahrung gelingt dies nur den Apps, die von vornherein die Monetarisierung in den Vordergrund stellen und ihre App darauf optimieren. Die Denkweise „Reach First, Monetization Later" bringt mehrere Probleme mit sich:

1. Das Produkt wird nicht auf Monetarisierung hin gebaut, wodurch die spätere Montetarisierung oft nicht intuitiv ist.
2. Das Produkt enttäuscht Kundenerwartungen, wenn es zuerst kostenlos ist und dann plötzlich kostenpflichtig wird.
3. Ihr lernt nicht, was funktioniert und was nicht.

Entwickler, die Monetarisierung von vorneherein berücksichtigen, wachsen anfangs vielleicht nicht ganz so schnell, sind ihrem Wettbewerber aber dennoch einen entscheidenden Schritt voraus, da sie ihre Kunden und deren Zahlungsbereitschaft besser verstehen. Wenn die Conversion to Paid Rate passt und ich dann die Einnahmen reinvestiere, um das Produkt weiterzuentwickeln und meine Nutzer dauerhaft zufriedenzustellen, ergibt sich ein langfristig skalierbares Business. Dann wird die Moneta-

---

[17] Siehe: https://developer.apple.com/app-store/review/guidelines/

risierung zu einem echten Konkurrenzvorteil gegenüber denjenigen, die nur auf Reichweite abzielen.

- Was ist also eure Monetarisierungsstrategie, und habt ihr euren Funnel konsequent darauf optimiert?
- Wie könnt ihr das Onboarding vereinfachen und die Anzahl der benötigten Taps vom Download zum Bezahlabo minimieren?
- Ist die Value Proposition klar, schnell verständlich und zielgruppengerecht formuliert?
- Ist das Pricing intuitiv und auch im Verhältnis zu branchenfremden Services zu rechtfertigen?
- Wo seht ihr aktuell den größten Drop-off, also den Punkt, an dem ihr die meisten Kunden im Conversion Funnel verliert, und wie könnt ihr diesen Schritt umgehen?

Das Schöne am Thema Monetarisierung ist, dass es manchmal nur kleine Änderungen sind, die Großes bewirken. So konnten einige Apps, die ich beraten habe, ihre Download to Paid Conversion Rate nur durch die Optimierung ihrer Sales-Seite verdoppeln. Wie sagt man so schön: Low hanging fruits.

Wie werde ich gefeaturt?

Die wahrscheinlich am häufigsten gestellte Frage an das App-Store-Team ist: „Wie werde ich im App Store gefeaturt?" Im Gegensatz zu den meisten anderen Plattformen gibt es im App Store keine bezahlte Werbung und keine bezahlten Platzierungen. Einzige Ausnahme sind Search Ads, das sind bezahlte Platzierungen in den Suchergebnissen, die es seit 2017 gibt.

Es ist Aufgabe der Redaktion, die besten Apps auf den verschiedenen Tabs den App-Store-Kunden vorzustellen. Und ein sogenanntes Featuring hat für den Entwickler primär zwei Vorteile:

1. **Kostenlose Werbung.** Ihr erreicht potenzielle Neukunden, ohne eine Gegenleistung erbringen zu müssen.
2. **Reputation.** Von Apple gefeaturt zu werden, ist eine Art Gütesiegel, das viele wirkungsvoll in ihrer Kommunikation einsetzen.

An dieser Stelle sei angemerkt, dass ein Featuring heutzutage nicht mehr den Effekt hat, den es vor ein paar Jahren hatte. Das liegt primär an der steigenden Anzahl an Apps, der größeren Anzahl an verfügbaren Platzierungen im App Store sowie der häufigeren und teilweise täglichen Kuratierung. Wenn man vor dem App-Store-Redesign in 2017 eine Platzierung ganz oben hatte, stand die fix für sieben Tage und wurde von allen Nutzern, die in dieser Woche den Store besuchten, gesehen. Eine sogenannte Hero-Platzierung steht heute für maximal drei Tage, und es gibt zunehmend Personalisierungen, das heißt, die Platzierung wird nicht von allen Nutzern gesehen. Zudem wird die Aufmerksamkeit auf die verschiedenen Tabs gelenkt, sprich, der Apps Hero ist nicht mehr so stark im Fokus, wie er mal war.

Im Durchschnitt werden 65 Prozent[18] der Downloads über die Suche generiert. Zweitstärkster Kanal sind die Referrals, also Direktlinks zu den Apps im Store über In-App-Werbung und sonstige externe Kanäle. Das heißt, die meisten Kunden stöbern gar nicht im Store, sondern suchen gezielt nach Apps oder werden über Werbung außerhalb des Stores zu Apps weitergeleitet.

Bei über 500 Millionen wöchentlichen Besuchern[19] ist ein App-Store-Feature natürlich trotzdem ein schöner Booster und, wie gesagt, komplett kostenlos. Nach welchen Kriterien werden Apps also gefeaturt[20]? Hier die wesentlichen in der Übersicht:

Qualität

Ein vager Begriff, aber ja, der App Store sucht nach den qualitativ besten Apps und Games im Store. Ein zumeist werbefinanziertes, schlecht gemachtes, aber superpopuläres Spiel hat weniger Chancen, gefeaturt zu werden, als ein hochwertiges Premiumspiel, auch wenn es eher nischig ist.

User Interface Design

Entspricht die UI Apples UI-Guidelines, und welchen Eindruck macht das UI Design? Da ein geübter App-Store-Redakteur das schon nach zwei Sekunden beurteilen kann, hat der Aspekt aus meiner Sicht eine besonders hohe Bedeutung.

---

[18] https://searchads.apple.com/de/
[19] WWDC Keynote vom 4. Juni 2018. https://www.apple.com/de/apple-events/
[20] https://developer.apple.com/app-store/discoverability/

User Experience

Sind App, Menü und Onboarding intuitiv und selbsterklärend? Der App Store achtet auf Effizienz und Funktionalität. Wie jeder andere Nutzer sieht auch ein Redakteur zunächst das Onboarding. Wenn das schon nicht passt, widmet er sich schnell der nächsten App.

Innovation

Hier achtet der App Store auf innovatives Gameplay bei Spielen und innovative Problemlösungen bei Apps. Auch wichtig ist die Nutzung von Apples Technologien (zum Beispiel ARKit, SiriKit, HealthKit, Core ML, Sign-in with Apple). Werden sie unterstützt, um die Nutzung zu erleichtern oder den Use Case zu innovieren?

Lokalisierung

In wie viele Sprachen ist die App lokalisiert? Grundsätzlich gilt, je mehr, desto besser, da die App dann bedenkenlos allen Redakteuren weltweit vorgeschlagen werden kann. Für den westlichen Raum sollte aber zumindest Englisch, Französisch, Italienisch, Deutsch und Spanisch (auch EFIGS genannt) unterstützt werden.

Qualität und Vollständigkeit der Metadaten

Die App-Store-Beschreibung samt Text, Screenshots und Videos sollte fehlerfrei und hochwertig sein. Ein Redakteur kann eine App nur dann in einem sogenannten Video-Swoosh featuren, wenn ihr ein Video auf eurer Produktseite habt. Cooles Artwork hilft, um Aufmerksamkeit zu bekommen. Kein Redakteur möchte einen Store mit langweiligen Artworks sein Eigen nennen.

Grundsätzlich gilt: Je mehr Kriterien ihr mit eurer App erfüllt, desto höher die Wahrscheinlichkeit, gefeaturt zu werden. Wenn eine App gut ist, aber aktuell nicht in den Redaktionsplan passt, dann wird sie zumeist vorgemerkt. Weiterer großer Vorteil: Ein Featuring ist in der Regel keine Einmalplatzierung. Wenn eure App grundsätzlich für gut befunden wird und sie es in das „Relevant Set" eines Redakteurs schafft, dann wird sie vermutlich öfter gefeaturt, wenn sie zu einem Thema passt. Wenn eure Today-Karte einmal im Pool ist, kann sie von anderen Ländern und Redakteuren aufgegriffen werden. Wenn eure App einmal in einer bestimmten Kollektion ist, ist sie das bei der nächsten Veröffentlichung dieser Kollektion wahrscheinlich wieder. Und so weiter.

Neben dem normalen Featuring gibt es noch weitere Sonderfeatures wie zum Beispiel das „Wir empfehlen"-Badge, das die Redaktion vergeben kann, oder die Nominierung zur „App des Jahres". Gute Apps bekommen zudem ein eigenes Artwork auf ihrer Produktseite, was nur von Apple selbst und nicht vom Entwickler angelegt werden kann.

Zusammenfassend würde ich das Thema Featuring heute so beschreiben: Ein Feature ist kein Erfolgsgarant mehr, aber nicht gefeaturt zu werden ein Indiz für den Misserfolg. Davon ausnehmen möchte ich Apps, die nicht über den App Store monetarisieren, und Apps, die der App Store kategorisch nicht unterstützt wie zum Beispiel Casino-Spiele.

Gute Apps werden früher oder später im Store vorgestellt, und sie schaffen auch immer den Weg in die Redaktion.

Entweder indem der Entwickler sie selbst einreicht, andere sie empfehlen oder die Redaktion sie findet.

Eure App einreichen könnt ihr übrigens über folgenden Link, vorausgesetzt, ihr habt einen Entwickleraccount und seid bei App Store Connect angemeldet: www.appstore.com/promote

Alles startet mit einem Feature im App Store. Und danach kann noch viel mehr passieren.

Was kann Apple noch für dich tun?

Für die allermeisten App-Entwickler da draußen ist Apple eine Blackbox. Es gibt zwar eine Menge an Ressourcen auf dem Entwicklerportal unter https://developer.apple.com, persönliche Ansprechpartner gibt es aber nicht. Das liegt primär daran, dass es unmöglich ist, 20 Millionen Entwickler persönlich zu betreuen. Irgendwann hat es sich in der deutschsprachigen Entwicklerszene rumgesprochen, dass es da so einen Tom Sadowski gibt, der App-Entwicklern helfen kann. Aber auch dessen Zeit war und ist begrenzt.

Die Tatsache, dass Apple nie öffentlich auf Messen wie Mobile World Congress, demexco, OMR, gamescom, Noah et cetera in Erscheinung tritt, trägt nicht gerade zur Entmystifizierung bei. Stattdessen liegt der Fokus auf den eigenen Keynotes, was die Wirkungskraft neuer Produkt- und Serviceankündigungen natürlich maximiert.

Auch die Verbreitung über Social Media habe ich immer wirkungsvoll eingedämmt, indem ich zu Beginn jedes unserer Events darauf hingewiesen habe, dass Fotos und Videos strengstens untersagt sind und keine Informationen den Raum verlassen dürfen. Die allermeisten hielten sich daran.

Wenn ein App-Store-Manager eure App aber als Priorität deklariert hat, passieren eine Menge Dinge, ohne dass ihr viel davon mitbekommt. Es beginnt damit, dass er sich überhaupt Zeit für eure App nimmt. Nur so kann er Chancen und Risiken identifizieren, Handlungsempfehlungen geben und die richtigen funktionalen Teams zur richtigen Zeit einbeziehen. Ob der direkte Kontakt zu Kollegen in den USA, UK, China oder Japan, Nominierungen für die jährlichen Apple Design Awards, Pressestorys zu wiederkehrenden Ereignissen wie Weltfrauentag oder Tag der Deutschen Einheit, Marketing-Opportunities in den Apple Stores, bei Partnern wie der Telekom oder sogar ein Besuch von Tim Cook persönlich. Dazu kommen Workshops zu allen Produkt- und Businessbelangen wie UI/UX-Optimierung, technischer Support, Business Consulting und Subscription Best Practices. Und natürlich die proaktive interne Promotion in Richtung der Redakteure in den Zielmärkten der App.

Ich habe Workshops gehalten, die bei aller Bescheidenheit für den Entwickler richtungweisend waren. Oft waren das auch „harte" Calls, nach denen man entscheidet, den Launch zu verschieben, das Onboarding noch mal komplett neu zu designen oder die Marke, das Icon oder gar die Zielgruppe zu überdenken.

Dann gibt es aber nichts Schöneres zu sehen, als dass sich der Aufwand gelohnt hat, sich zum Beispiel nach dem Redesign die Free Trial Conversion deutlich verbessert hat oder das Produkt überhaupt zum ersten Mal Wachstum sieht.

Dos and Don'ts

Den App-Unternehmern unter euch möchte ich noch ein paar konkrete Empfehlungen für die Kommunikation mit Apple an die Hand geben. Das ist sicher auch im Interesse meiner ehemaligen Kollegen:

1. **Lasst euch empfehlen**
   Verschickt keine Mail aus dem Nichts, sondern lasst euch von jemandem vorstellen, der mit dem App-Store-Team in Kontakt steht. Ansonsten wird eure Mail wahrscheinlich ignoriert. Seid authentisch, sympathisch und weckt Interesse.

2. **Fasst euch kurz**
   Eine lange Mail schreiben kann jeder. Das Wesentliche auf den Punkt zu bringen ist deutlich schwieriger. Es erfordert mehr Zeit, zeugt aber auch von Respekt gegenüber dem Empfänger. Wenn ihr das schon nicht schafft, wie soll dann erst die App aussehen? Vermeidet lange E-Mails. Immer.

3. **Übertreibt**
   Der Wettbewerb ist hart. Um hier wahrgenommen zu werden, braucht ihr schon eine gute Story und am-

bitionierte Ziele. Ich will es mal so ausdrücken: Ihr sollt nicht lügen, aber wenn euer Businessplan ein Best-Case-, Realistic-Case- und Worst-Case-Szenario beinhaltet: Go for the best case.

4. **Nutzt Video und Foto**
Die Redakteure testen täglich eine Vielzahl von Apps, was sehr zeitintensiv ist. Ein Video, das eure App in 20 Sekunden vorstellt, spart Zeit. Idealerweise verschickt ihr keinen 20-MB-Anhang, sondern einen Link, den Apple intern weiterleiten kann.

5. **Teilt Emotionen**
Schickt ein Foto vom Team, dreht ein kurzes Dankesvideo nach einem App-Store-Feature. Auch Redakteure sind Menschen und freuen sich über eine Abwechslung. So bleibt ihr in guter Erinnerung.

6. **Bittet Apple, euch nicht zu featuren**
Ja, ihr lest richtig. Was bringt euch Visibilität im App Store, wenn das Produkt noch nicht fertig ist, der A/B-Test für das Onboarding noch läuft oder der Purchase Funnel noch nicht optimiert ist? Ihr stecht heraus, wenn ihr explizit darum bittet, noch nicht gefeaturt zu werden, und den Wunsch begründen könnt. Teilt euren Status mit Apple.

7. **Bittet um ein persönliches Gespräch**
Ein persönlicher Kontakt mit einer schlechten App bringt euch gar nichts. Wenn die App aber gut ist, hilft das sehr wohl. Bittet um ein persönliches Meeting, um eure App, eure Vision und das Team einmal vorstellen

139

zu dürfen. Das kann einen großen Unterschied machen.

8. **Sprecht nicht über andere**

„Die App von X linkt auch auf die Webseite und wurde vom Review Team freigegeben." „Wir haben das Purchase Sheet genauso angelegt wie Y, wurden aber abgelehnt." Vergleiche helfen nicht. Das wäre ungefähr so, als wenn ihr auf Instagram Nacktbilder postet und darauf verweist, dass ihr andere Nacktbilder gefunden habt. Im Review Team arbeiten über 100 Leute im Schichtdienst rund um die Uhr. Jede Woche werden über 100000 neue Apps und Updates geprüft[21]. Die Review Guidelines sind für alle gleich, ich empfehle euch, sie so zu akzeptieren. Und ja, ich weiß, dass das manchmal wehtut.

9. **Seid schnell und stellt keine Fragen**

Wenn Apple euch kontaktiert, eine Frage hat oder euch eine Promo anbietet: Seid schnell, stellt keine Fragen und liefert, was gewünscht wird. Das hört sich jetzt etwas hart an, ist aber ein ziemlicher Garant dafür, dass ihr bei der nächsten Möglichkeit wieder kontaktiert werdet. Mit wem würdet ihr gehen: mit Entwickler A, der euch zehn Rückfragen stellt? Oder mit Entwickler B, der euch einfach schnell und zuverlässig liefert, was ihr braucht?

10. **Redet nicht über Geld**

Hin und wieder habe ich E-Mails bekommen, in denen mir der Entwickler erklärt, wie „lukrativ" ein Featuring

---

[21] https://www.apple.com/ios/app-store/principles-practices/

seiner App für Apple sei, schließlich bekämen wir ja 30 Prozent Provision[22]. Selbst wenn ihr Supercell, Tencent oder Tinder seid, würde ich von dieser Argumentation abraten. Einige Entwickler machen mit nur einem Spiel auf globaler Ebene über 100 Millionen US-Dollar Umsatz *im Monat*[23]. Gut ist es hingegen, Prognosen sowie Ideen und Learnings zur Monetarisierung auszutauschen.

Die Entwickler unter euch wissen, dass es auf dem Entwicklerportal unter https://developer.apple.com eine Vielzahl an Ressourcen und Videos für so ziemlich alle Bereiche der App-Entwicklung und -Distribution gibt. Ich verzichte darauf, diese hier alle noch mal aufzulisten.

---

[22] https://developer.apple.com/programs/whats-included/
[23] https://sensortower.com/blog/top-apps-games-publishers-2018

Innovation unterscheidet zwischen einem Anführer und einem Mitläufer.

Steve Jobs

Trends

Wisst ihr noch, was unser aller Lieblings-App bei der WM im eigenen Land, dem sogenannten Sommermärchen, war?

Na ...?

Die richtige Antwort ist: Es gab noch überhaupt keinen App Store. Der launchte erst zwei Jahre später.

Im letzten Kapitel dieses Buches möchte ich einen Blick in die nahe Zukunft werfen. Was sind Trends und Entwicklungen, die ich in der App-Welt sehe? Und welche Chancen ergeben sich daraus für die Entwickler-Community? Dabei ist für die meisten weniger relevant, was in 20 bis 30 Jahren passiert, das kann ohnehin keiner vorhersagen, sondern in naher Zukunft. Und auch weniger, was die technischen Möglichkeiten sind, sondern wohin sich die Kundenbedürfnisse entwickeln. Welche Chancen gibt es jetzt? Let's go ...

Von Produkten zu Services

Wir befinden uns in einer Zeit des Umbruchs von einer produkt- zu einer serviceorientierten Gesellschaft. Früher war das eigene Auto das Nonplusultra. Heute wollen Millennials kein Auto, sondern Mobilität, und das mit möglichst wenig Verpflichtung. Vor zehn Jahren gab es noch Videotheken, in denen man sich DVDs ausgeliehen hat. Heute bringt mir Netflix die neuesten Serien und Filme automatisch und personalisiert auf meine Endgeräte. Die Leute wollen auch keine Platten mehr kaufen, sondern einfach Musik hören, und das immer und überall – die Services von Apple Music, Spotify, Deezer und Co. machen es möglich.

Früher haben Produkte die Kundenbedürfnisse befriedigt, heute tun dies Services. Was wäre ein iPhone ohne Apps, und sind Apps nicht am Ende des Tages alle Service? Dieser Wandel von einer produktorientierten Befriedigung des Kundenbedürfnisses hin zu einer serviceorientierten Bedürfnisbefriedigung steht meines Erachtens noch ganz am Anfang und ist in einer digital vernetzten und immer schneller und komplexer werdenden Welt eine logische Konsequenz. Vor allem junge Menschen sehnen sich danach, ihr Leben zu vereinfachen. Sie wollen Lösungen und nicht gleich Eigentum. Also leihen sie sich zum Beispiel ein Auto, einen Scooter oder ein Fahrrad, wenn sie eins brauchen, und kaufen sich nicht gleich eins. So bekommen sie auch Mobilität, aber sparen sich Instandhaltung, Wartung und Versicherung.

Der Harvard-Marketingprofessor Theodore Levitt pflegte seinen Studenten zu sagen: „Die Kunden wollen eigentlich keinen Bohrer, sondern ein Loch in der Wand." Ich würde heute noch ein paar Schritte weiter gehen. Sie wollen kein Loch in der Wand, sondern ein Regal aufhängen. Vielleicht wollen sie aber auch nur Stauraum für ihre Bücher, und das Regal ist nicht die beste Option. Und ganz vielleicht brauchen sie gar keine physischen Bücher mehr und somit weder Bohrer noch Regal.

Dieses Beispiel zeigt, wie ich finde, recht anschaulich, wo die Reise hingeht. Unternehmen, die erkennen, was ihre

Kunden wirklich brauchen, und die digitalen Möglichkeiten nutzen, um innovative Lösungen für alte Probleme zu schaffen (siehe iTunes, Uber, Airbnb, Netflix), werden die Sieger von morgen sein. Ich sage dabei bewusst *brauchen* und nicht *wollen.* Wie sagte der Autohersteller Henry Ford so treffend: „Wenn ich die Menschen gefragt hätte, was sie *wollen*, hätten sie gesagt: schnellere Pferde.“

Es ist wichtig, sich mit diesem Paradigmenwechsel rechtzeitig auseinanderzusetzen. Inzwischen geht es nicht mehr um die digitale Transformation, sondern um die Transformation der Bedürfnisbefriedigung, die auf dem digitalen Wandel beruht. Mit der Erfindung des Verbrennungsmotors brauchten die Menschen plötzlich keine Pferde mehr. Durch das Streaming brauchen die Menschen keine Videotheken und Tonträger mehr. Durch Apps wie N26 brauchen die Menschen vielleicht schon bald keine Bankfilialen mehr. Mag das Grundbedürfnis „einen Film anschauen“ dasselbe sein, so hat sich die Art und Weise, wie es heute befriedigt wird, komplett geändert. Früher kaufte oder lieh ich mir ein Produkt (DVD), heute abonniere ich den Zugang zu einem Service (Streaming).

Apple hat diesen Wandel meiner Meinung nach schon recht früh erkannt und die Weichen entsprechend gestellt. Das Abogeschäft[24] wird immer wichtiger und die Plattform konsequent darauf ausgerichtet. Die Entwicklerwelt wird entsprechend informiert, und es entstehen neue eigene

---

[24] An dieser Stelle sei auf das Buch *Subscribed* von Tien Tzuo verwiesen. Ein Must-read für alle, die Abonnements verkaufen.

Services wie Apple Arcade, TV+, News+, Apple Pay und Apple Card.

Vielleicht kaufen wir irgendwann kein iPhone mehr, sondern abonnieren es, um Zugang zu bestimmten Services zu bekommen. Das iPhone für Selbstständige, das iPhone für Teenager, das iPhone für Senioren und so weiter. Optimiert und vorkonfiguriert mit den besten Apps für die typischen Use Cases der entsprechenden Zielgruppe. Denkbar wäre auch ein Questionnaire im Onboarding, der einem das passendste Paket am Ende vorschlägt.

Im Premium-Abo könnten wir dann ein iPad Pro und eine Apple Watch dazubekommen. Das Geschäft von Apple wäre nicht mehr so stark von den jährlichen Produktinnovationen abhängig und könnte sich schön skalieren lassen. Noch mal: Es gibt aktuell 1,4 Milliarden aktive iOS-Geräte[25] auf dem Markt. Was wäre, wenn es 1,4 Milliarden Abonnenten gäbe, die monatlich 99 Euro an Apple zahlen statt alle zwei Jahre 1000 Euro für ein neues Gerät? Die Apple Stores wären dann keine Läden mehr, sondern Erlebnis- und Servicecenter. Und wer kein Abo hat, dürfte womöglich nicht mehr in den Club.

- ■ Habt ihr schon darüber nachgedacht, was dieser Paradigmenwechsel für euer App-Portfolio bedeutet?
- ■ Verkauft ihr ein Produkt oder bereits einen Service – und falls nicht: Wie könnte ein abobasierter Service für eure App aussehen?

---

[25] https://www.apple.com/newsroom/2019/01/apple-reports-first-quarter-results/

- Welches Problem eurer Kunden löst ihr, und gibt es innovative Ansätze, dieses ganz anders oder besser zu lösen?
- Welche neuen Technologien helfen euch, ein altes Problem effizienter zu lösen?

Von lokal zu global

Wie bereits erwähnt, ist der App Store in 155 Ländern verfügbar, unterstützt 28 Sprachen und 45 Währungen[26]. Damit werden theoretisch über 93 Prozent der Weltbevölkerung mit nur einer Plattform erreicht. Die verbleibenden sieben Prozent haben vermutlich weder Internetzugang noch Smartphone. Die größten Märkte nach Umsatz sind China, die USA und Japan. Wobei circa 70 Prozent der globalen Umsätze außerhalb der USA generiert werden.[27] Für ein US-Unternehmen ist das ein überraschend hoher Anteil. Natürlich sind die USA nach wie vor ein Riesenmarkt, aber wenn ihr wirklich große Ambitionen als App-Entwickler habt, denkt an *die übrigen* 70 Prozent.

Aber schauen wir zunächst einmal nur auf die westlichen Märkte. Deutschlands Anteil an den globalen App-Store-

---

[26] Stand Juli 2019
[27] https://www.appannie.com/intelligence/ios/market-size/?data_break_down=country&countries=US&granularity=monthly&date=2018-12-01~2018-12-31&price=all&iap=all&sort_by=value&category=36&chart_type=total_downloads&device=ios&order_by=total_downloads&order_type=desc&table_selections=CN,US,JP,GB,RU,FR&series=total_downloads

Umsätzen liegt im einstelligen Prozentbereich[28]. Ange-nommen, die App „Alpha" fokussiert auf den Deutschen Markt und hat dort einen Marktanteil von 50 Prozent und die App „Beta" fokussiert auf den US-amerikanischen Markt und hat dort einen Marktanteil von nur 20 Prozent, dann macht Beta ein Vielfaches des Umsatzes von Alpha und kann seinen Service bald auch in Deutschland schneller weiterentwickeln. Diese einfache Rechnung sollte man sich als lokal agierender App-Entwickler immer vor Augen führen. Das Naheliegende ist nicht immer das Naheliegendste.

Natürlich gibt es auch nur lokal relevante Apps wie lokale Medien (Zeitungen), lokale Lerninhalte (Führerscheinprüfung) oder lokale Services (Tickets für den Nahverkehr), für die eine Internationalisierung nur bedingt Sinn macht. Aber die umsatzstärksten Player sind immer diejenigen, die es schaffen, in der gesamten westlichen Welt erfolgreich zu sein. Die absoluten Champions werden diejenigen sein, die es schaffen, auch im asiatischen Markt Fuß zu fassen.

Auf der anderen Seite geht diese globale Chance bereits heute mit globalen Wettbewerbern einher. Es gibt inzwischen über 20 Millionen Entwickler-Accounts[29] auf der Plattform, und immer mehr davon richten sich an eine

---

[28] https://www.appannie.com/intelligence/ios/market-size/
?data_break_down=country&countries=US&granularity=
weekly&date=2019-04-21~2019-10-26&price=all&iap=all&sort_
by=value&category=36&chart_type=total_downloads&device=
ios&order_by=total_revenue&order_type=desc&table_
selections=CN,US,JP,GB,RU,FR&series=total_downloads
[29] https://www.apple.com/de/ios/app-store/principles-practices/

weltweite Zielgruppe. Die aus München stammende Fitness-App Freeletics konkurriert nicht nur mit der aus Linz stammenden Adidas Training App im deutschsprachigen Raum. Nein, sie konkurriert auch mit 7 Minute aus Schweden, Nike Training Club aus den USA und vielleicht schon bald mit Hotbody aus China.

Die gute Nachricht ist: Der Markt ist groß genug. Laut dem Global Report 2019 der International Health, Racquet & Sportsclub Association (IHRSA) gibt es aktuell über 183 Millionen Fitnessclub-Mitglieder, Tendenz steigend. Deutschland ist nach den USA und vor UK übrigens weltweit auf Platz 2. Als Anbieter einer Fitness-App könnt ihr mit 20000 Abonnenten schon ein profitables Business aufbauen. Dazu kommen in der Regel noch weitere Umsätze über Android und Web. Bezogen auf die weltweite Fitnessnachfrage sind 20000 Abonnenten nichts.

Ich weiß, dass viele westliche Apps aktuell an ihrer Go-to-Market-Strategie für China feilen. Und einige wenige europäische Apps haben es bereits auf eindrucksvolle Weise geschafft, in China erfolgreich zu sein. In Zukunft werden wir mehr Apps sehen, die ihr Produkt von vornherein für eine globale Zielgruppe konzipiert haben. Das ist zugegebenermaßen keine leichte Aufgabe. Aber dass es funktionieren kann, hat unter anderem Apple eindrucksvoll unter Beweis gestellt.

- Wo hat eure App das größte Marktpotenzial, und seid ihr in diesen Märkten präsent?

- Habt ihr eure App in möglichst viele Sprachen lokalisiert? Oder würdet ihr einen Service nutzen, der auf Japanisch ist?
- Wer sind auf globaler Ebene eure größten Wettbewerber, und was könnt ihr von ihnen lernen?
- Selbst wenn es euren Service aktuell noch nicht anderweitig in deutscher Sprache gibt, wie nachhaltig ist dieser Vorteil im globalen Rennen um eure Kunden?

Think global in terms of market opportunity and think local in terms of user experience.

Vom Contentanbieter zum Coach

Einer meiner schlauen Lieblingssprüche zu Beraterzeiten war immer: „Content is King – Context is God." Auch wenn sich die Welt im Zuge der Digitalisierung komplett verändert hat, hat diese Erkenntnis nicht an Bedeutung verloren. Im Gegenteil, sie ist noch wichtiger geworden.

Wir alle werden ständig und überall mit Informationen überhäuft. Teilweise freiwillig, indem wir alle fünf Minuten auf unser Smartphone schauen oder Push Notifications zulassen. Teilweise erzwungenermaßen, um bei diesem systeminhärenten Informationsdruck nicht den Anschluss zu verlieren. Aber sehnen wir uns eigentlich nicht alle nach Vereinfachung, nach Lösungen und danach, an die Hand genommen zu werden?

Für den Contentanbieter bedeutet das: Er muss Wege suchen, uns den Content so einfach und relevant wie möglich zu präsentieren. Einfach ist etwas, wenn ich mich nicht darum kümmern muss, sondern andere das für mich erledigen. Relevant ist etwas, wenn es mir zur richtigen Zeit am richtigen Ort angeboten wird und in diesem Moment für mich nützlich ist.

Ein Beispiel aus der physischen Welt: Wenn ich in ein Restaurant gehe und bei der Bestellung gleich nach meinem Dessertwunsch gefragt werde, winke ich wahrscheinlich ab. Wenn der Kellner mir aber *nach* einem gelungenen Dinner die Dessertkarte reicht und mir freundlich sagt, dass er mir die frisch gemachte Schokotarte empfehlen würde, gerne auch zum Teilen, sieht das gleich ganz anders aus. Gleicher Content, anderer Kontext, andere Relevanz.

Gleiches gilt in der App-Welt: Noch vor fünf Jahren war es revolutionär, mit dem iPhone meine Essgewohnheiten zu tracken oder ein Work-out auszuwählen, ohne ins Fitnessstudio gehen zu müssen. Heute will ich nicht mehr tracken, und ich will auch nicht mehr auswählen. Ich will einen Coach, der mir sagt, was ich wann zu tun habe, um meine Ziele zu erreichen. Ich will kontextrelevante Angebote, und ich will mich um nichts kümmern.

Bei der Lern-App simpleclub gibst du heute das Datum und das Thema deiner nächsten Klausur ein, und die App sagt dir jeden Tag, was du lernen musst, um sie zu bestehen. Ernährungs-Apps wie feastr bieten dir nicht einfach ein Sammelsurium an gesunden Rezepten, sondern einen auf deine Bedürfnisse, deine Ess- und Kochgewohnheiten abgestimmten persönlichen Ernährungsplan.

So würde es ein physischer Coach auch machen. Die App wird zum Nachhilfelehrer, zum Ernährungsberater, zum Fitnesscoach oder zum Gedächtnistrainer. Vielleicht gibt es irgendwann die Apps oder die Sprachassistenten, die alles miteinander verbinden. Sozusagen dein persönlicher Alleskönner-Coach. Das wird aber noch ein paar Jahre dauern.

Bis dahin stellt sich die Frage:

- Wie könnt ihr aus eurer App einen Coach oder Assistenten machen?
- Welche Fragen würde ein realer Coach euren Kunden stellen, und welche Fragen stellt eure App?
- Wann stellt eure App diese Fragen? Sind sie kontextrelevant?
- Welche Preise und wie viele Preisoptionen würde ein realer Coach anbieten?
- Und gibt es physische Coaches, die es digital aktuell noch nicht gibt?

Von der Nische zum Marktführer

Eine natürliche Marktentwicklung ist die Segmentierung, also die Unterteilung eines Gesamtmarktes in verschiedene Teilmärkte und die darauf basierende Spezialisierung der Apps. Beispiel Fitness: Erst gab es Lauf-Apps, dann kamen Fitness-Apps, schließlich Services zur Verbesserung deines mentalen Wohlbefindens (Mindfulness, Mental Health, Yoga). Inzwischen gibt es nicht nur fitnessinspirierte Yoga-Apps, sondern auch Yoga für Schwangere, Yoga für Läufer und wahrscheinlich schon bald auch Yoga für Senioren (Yoga für Männer gibt es schon).

Ähnliches passiert gerade im Dating. Neben den Allroundern wie beispielsweise Tinder und Lovoo gibt es zunehmend Dating-Apps für spezifische Zielgruppen: Senioren (Silber Singles), Mollige (Curvy), Gamer (Geek) oder gar Anhänger verschiedener Glaubensrichtungen wie Juden (JDate) oder Muslime (muzmatch).

Wenn ich eine bestimmte Zielgruppe besser, authentischer und zielgerichteter ansprechen kann als andere, ist das meist sehr wirkungsvoll. Noch dazu ist der Word-of-Mouth-Effekt größer, je spezieller die Zielgruppe ist. Schließlich will man seinen Gleichgesinnten von der neuen App-Entdeckung erzählen. Und wenn es mir dann gelingt, diesen Word-of-Mouth-Vorteil nicht nur in einem kleinen Markt, sondern weltweit auszuspielen, dann wird der Nischenanbieter schnell zum Marktführer in seinem Segment.

Dieser Nischeneffekt ist aber auch mit Vorsicht zu genießen, denn das Timing ist entscheidend. Es sollte bereits eine kleine Zielgruppe geben, die vom Angebot begeistert und auch bereit ist, dafür zu bezahlen. Mit einer klaren Positionierung und smarter Marketingstrategie kann die Welle, auf der man surft, dann sehr schnell sehr groß werden. Die Yoga-App Asana Rebel war so ein Fall. Pascal und Robin haben zum richtigen Zeitpunkt das richtige

Produkt mit der richtigen Zielgruppenansprache gelaunct und sind damit sehr schnell gewachsen.

Wenn der Markt aber einfach noch nicht reif ist für das digitale Angebot, wird der Plan nicht aufgehen. Mit Mighty, einer App, die Selbstverteidigungstraining für Frauen anbietet, musste ich diese Erfahrung machen und war selbst sehr überrascht. Die App ist toll gemacht, überzeugendes Interface Design, sehr hochwertiges Videomaterial, noch dazu ein Top-Gründerteam. Und trotzdem ist der große Durchbruch bislang ausgeblieben. Meine Interpretation: Mighty war seiner Zeit zu weit voraus. Die Vorstellung, Selbstverteidigung mit einem virtuellen Coach zu lernen, noch zu weit weg. Oder es war schlichtweg keine ausreichend große Zielgruppe vorhanden, die bereit war, für das Angebot Geld auszugeben.

- Für welche Nischen-Zielgruppe habt ihr ein Angebot, das es in digitaler Form noch nicht gibt?
- Gibt es reale Menschen, die vom Angebot begeistert sind und bereit wären, dafür zu bezahlen?
- Ist die definierte globale Zielgruppe groß genug und auch zahlungsbereit?
- Könnt ihr in diesem Segment global die Nummer 1 werden?

Vom Körper zum Geist

Es gibt zunehmend Apps, die nicht deinen Körper, sondern deinen Geist in Form bringen. Und immer mehr

Fitness-Apps, die ihr Angebot um die Themen Meditation und Achtsamkeit erweitern. Was ich bisher noch nicht gesehen habe, ist der umgekehrte Weg. Also die Erweiterung einer Meditations- oder Achtsamkeits-App um Fitnessangebote. Das liegt primär an den höheren Kosten für Video- gegenüber Audioproduktion, aber vermutlich auch daran, dass bisher die wenigsten über audiobasierte Fitnessangebote nachgedacht haben (vgl. Kapitel „Vom Lesen zum Hören").

Die großen Player im Bereich der Meditation wie Calm oder Headspace reichern ihr Angebot immer mehr mit Klangwelten sowie Musik und Geschichten zum Einschlafen an, während die jungen Apps meist auf neue Ansätze oder bestimmte Teilbereiche wie zum Beispiel Hypnotherapie, Gedächtnistraining oder Stressprävention fokussieren.

Das Jetzt bestimmt das Sein.
Lass dich von alledem befrei'n was damals war,
es ist bedeutungslos.

Sündikat
„Paradies"

Ob Groß oder Klein: Viele der zuvor beschriebenen Trends im Mentaltraining sind im Gegensatz zum physischen Coaching noch nicht wirklich angekommen. So gibt es zum Beispiel wenige Meditations-Apps, die gut in alle Sprachen lokalisiert sind, und aktuell auch noch wenig Segmentierung.

Ich denke, es ist nur eine Frage der Zeit, bis sich diese Lücke schließt und es auch Mindfulness- und Meditations-Apps zum Beispiel speziell für Manager, Schüler, Mütter oder Sportler gibt. Dann ließen sich diese Apps auch besser in eine Art Community überführen, was aktuell aufgrund der Nutzerheterogenität schwierig ist.

Wenn ihr mit dem Gedanken spielt, im Bereich der Mentalfitness eine App zu entwickeln, dann solltet ihr euch folgende Fragen stellen:

- Welche Spielarten des mentalen Coachings gibt es in der realen Welt und aktuell noch gar nicht oder nicht zeitgemäß in Form einer App?
- Ist der Markt reif dafür, die Zielgruppe groß genug und auch zahlungsbereit?
- Welche Segmente könnte man mit diesem Service besonders zielgenau ansprechen und monetarisieren?
- Welchen Mehrwert würden Community Features für diese Zielgruppe bieten, und wie ließen sie sich monetarisieren?

Vom Lesen zum Hören

In Veranstaltungen zur App-Store-Präsenzoptimierung sagte ich immer: „Das Einzige, was die Leute lesen, ist ein

Buch." Und verwies damit auf die Bedeutung von Videoinhalten und Screenshots anstelle von langen Textbeschreibungen. Instagram ist das neue Facebook. Auf WhatsApp werden zunehmend Audioaufnahmen anstelle von Textnachrichten verschickt. Und Podcasts und Hörbücher erleben eine nie zuvor dagewesene Renaissance. Warum ist das so?

Ganz einfach, weil es einfacher ist. Der Sender kann einen Audiomitschnitt schneller verfassen als einen Text. Der Empfänger kann diesen schneller hören als lesen. Und beide können das immer und überall tun, also auch beim Autofahren, mit zwei Tüten in der Hand und ohne Brille. Und durch nutzerfreundliche Headphones wird diese Entwicklung zusätzlich unterstützt.

Blinkist, die Berliner App, die Kernaussagen von Sachbüchern zusammenfasst, sodass man das Wichtigste eines Buches in 15 Minuten statt in drei Stunden lesen kann, war mäßig erfolgreich mit ihrem Konzept. Bis zu dem Tag, an dem sie die sogenannten Blinks auch als Audiomitschnitte anboten. Seitdem geht das Geschäft durch die Decke, und Menschen auf der ganzen Welt lassen sich täglich auf dem Weg zur Arbeit (und nicht nur da) inspirieren.

Die gleiche Entwicklung sieht man bei Podcasts, Hörbüchern, Meditations-Apps und allem, was primär gehört wird – und ich glaube, das ist erst der Anfang einer längeren Audio-Welle. Was ist mit Kochen per Sprachanleitung, gecoachten Audio-Work-outs, Audio-Reiseführern, und warum ist Dating noch textbasiert? Die Beispiele zeigen, was schon jetzt auf einem sehr hohen Qualitätsniveau technisch möglich wäre. Solange Siri und Alexa noch zu viele Rückfragen stellen, liegt die Antwort meiner Meinung nach in audiooptimierten Apps.

- Was sind Use Cases, die sich perfekt über Audio bedienen lassen und aktuell entweder noch gar nicht oder unzureichend angeboten werden?
- Wie kann Audio eure App bereichern oder gar eine komplett neue Zielgruppe erschließen?

Übrigens: Ich finde nach wie vor, dass nichts über das Lesen eines guten Buches geht, egal ob Sachbuch oder Roman. Und am besten gebunden und nicht digital. Diese Quality Time habe ich aber leider eher selten. Insofern ist es naheliegend, *tote Zeit* wie beim Autofahren, Rasenmähen oder Staubsaugen mit Audioinhalten zu füllen. Wie sagt meine Frau immer: „Der Rasen mäht sich nicht von alleine." Da fällt mir ein, dass ich mich endlich mal nach Mährobotern erkundigen wollte. Kann mir jemand zu dem Thema einen Podcast empfehlen? ;-)

Also sollte man einfach dazu grooven.
Das ist auch der Grund, warum wir den Song schufen.
Denn wir fänden es so ziemlich smooth, wenn Auch andre diese Mucke richtig cool fänd'n.

Neue Technologie ≠ Trend

Meines Erachtens wird in den Medien zu häufig „neue Technologie" mit „Trend" gleichgesetzt. Ein Trend ist eine neue Entwicklung, von der angenommen wird, dass sie längerfristig und nachhaltig wirkt. Aber wissen wir das denn schon von Augmented Reality, Virtual Reality oder Blockchain? Oder wäre es nicht richtiger zu sagen, dass diese Technologien zum Trend werden *könnten*?

Versteht mich nicht falsch, große Veränderungen entstehen meist aus dem Einsatz neuer Technologien, und es ist entscheidend, sie nicht zu verschlafen. Aber die Zeit eines jeden App-Entwicklers ist kostbar, daher empfehle ich euch, immer erst zu prüfen, welchen Mehrwert eine neue Technologie euren Kunden bietet, und sie nicht nur deswegen zu implementieren, weil sie da ist.

Nehmen wir Augmented Reality (AR), also die Erweiterung der realen Welt durch nicht reale Inhalte als Beispiel. Mit ARKit hat Apple eine Lösung, mit der relativ leicht AR-Erlebnisse in Apps geschaffen werden können, und Tim Cook weist regelmäßig auf diese Technologie hin. Und wenn man das erste Mal einen Dinosaurier oder einen FC-Bayern-Spieler in sein Wohnzimmer projiziert, ist das auch lustig. Macht man aber nur ein einziges Mal, denn welchen echten Mehrwert bietet ein Dino im Wohnzimmer?

Ich kenne einige wenige gute AR-Apps, zum Beispiel Night Sky zur Beobachtung des Sternenhimmels, magicplan, um Räume zu vermessen, sowie ein paar gute Apps aus der Medizin wie Insight Heart. Für die macht der Einsatz von AR extrem viel Sinn und bietet einen echten Mehrwert. Das sind aber Ausnahmen oder Businessanwendungen und noch kein Trend.

Was ist mit den Spielen „Pokemon Go" und dem Nachfolger „Harry Potter: Wizards Unite" vom Spieleentwickler Niantic? Ja, die sind im großen Stil erfolgreich und nutzen auch AR. Funktionieren aber auch ohne. Hier ist es wohl eher die neuartige locationbasierte Spielmechanik, die den Unterschied gemacht hat, als das Einblenden von Pokemons oder magischen Gegenständen vor realem Hintergrund.

Mag sein, dass Apple an einem AR-Gerät arbeitet, von dem wir nichts wissen und das alles ändert. Aber Fakt ist, dass AR-Apps *aktuell* verhältnismäßig wenig genutzt werden. Fakt ist auch, dass es nur sehr wenige Apps gibt, die *primär* durch den Einsatz von AR ein signifikantes Endkundengeschäft auf die Beine gestellt haben.

Nur weil etwas möglich ist, muss es noch lange kein Trend sein. Technologie ist häufig der Impulsgeber. Aber dann entscheiden die Kunden, was sie nutzen.

Sollte euch also Apple bitten, eure Roadmap einzureichen, stellt euch zunächst folgende Fragen:

- Welchen Mehrwert für eure Kunden schafft ihr durch die Unterstützung neuer Features wie zum Beispiel Siri Shortcuts, ARKit oder Dark Mode Support?
- Gibt es neue Anwendungsfälle, die ihr nur mithilfe dieser neuen Technologie bedienen könnt?
- Falls ja, wie relevant sind die aus Kunden- und Monetarisierungssicht?
- Falls nein, welche anderen Gründe gibt es für die Implementierung?
- Ist jetzt der richtige Zeitpunkt, oder gibt es wichtigere Themen?

Andere gute Gründe können sein, Apple einen Gefallen tun zu wollen oder auf ein App-Store-Feature zu hoffen – und die sind auch legitim. Aber ich empfehle euch trotzdem, die Dinge immer erst aus der Kundensicht zu hinterfragen, bevor ihr eurem Entwicklerteam mal wieder ein paar schlaflose Nächte bereitet.

Und wir erinnern uns, Apple hat weder den MP3-Player noch das Smartphone erfunden. Sie waren nicht die Ersten, aber die Besten. Sie haben neue Technologien immer so genutzt, dass sie für Kunden einfach und nützlich sind.

Ich hoffe, ich konnte euch in diesem Kapitel ein paar Denkanstöße geben, die euer Business weiterbringen. Am Ende ist natürlich jede App anders, aber die zentralen Fragen sind oft die gleichen. Die Antworten darauf ermöglichen es oft, neue Wege zu gehen und die richtigen Entscheidungen zu treffen.

Und je kleiner das Unternehmen, desto gravierender die Konsequenzen dieser Entscheidungen. Wenn ein Manager von Apple, Google oder Facebook in Deutschland nur verwaltet oder gar Fehlentscheidungen trifft, dann ist das blöd, hat aber auf globaler Ebene *kurzfristig* keinen Einfluss auf das Geschäft. Dafür ist das Gesamtbusiness einfach zu groß und der lokale Anteil am globalen Kuchen zu klein.

Wenn aber der Geschäftsführer eines jungen Start-ups Fehlentscheidungen trifft, Innovationen nicht vorantreibt und seine Mannschaft nicht inspiriert, dann ist gleich das ganze Unternehmen in Gefahr. Es ist kein Zufall, dass die erfolgreichen App-Start-ups, die ich kenne, tolle Manager haben. Und von diesen neuen Managern können, ja müssen sich die Großen meiner Meinung nach noch einiges abschauen, wenn sie *langfristig* erfolgreich bleiben wollen.

Deine Zeit ist begrenzt. Verschwende sie nicht damit, das Leben anderer zu leben. Lass nicht zu, dass die Meinung anderer deine eigene innere Stimme übertönt. Hab den Mut, deinem Herzen und deiner Intuition zu folgen.

Steve Jobs

Die neuen
Manager

Einer der wichtigsten Erfolgsfaktoren von Unternehmen sind, zumindest heute noch, ihre Mitarbeiter. Deren Potenziale zu erkennen, zu fördern und bestmöglich einzusetzen ist wiederum Aufgabe der Manager. Ich habe in den knapp 20 Jahren meines beruflichen Wirkens einen ebenso bemerkenswerten wie erfreulichen Wandel in der Managementkultur erlebt, den ich gerne mit euch teilen möchte. Und ich bin heute in beiden Welten, der Start-up-Welt und der Corporate-Welt unterwegs, sodass ich sie gut miteinander vergleichen kann.

Als ich 2000 meinen ersten Job bei Accenture antrat, galt das Prinzip „Up or Out", und es wurde auch offen kommuniziert. Entweder du steigst in der Karriereleiter auf, oder du bist raus. Die Berater wurden auf lange Arbeitszeiten, professionelles Auftreten und Prinzipien der Effizienz gedrillt. Heute kaum vorstellbar, aber man trug mit Ausnahme des „Casual Friday" stets Anzug und Krawatte. Wenn ich montagmorgens aus dem Haus ging, sagte meine ältere Tochter damals immer, ich sähe „verheiratet" aus.

Schon damals gab es Großraumbüros, und man galt als fleißig, wenn man das Büro erst nach 21 Uhr verließ. Die Managementkultur war klassisch Top-down, mit klaren Hierarchien, Karrierepfaden und Richtlinien. Die Junior-Berater lernten sehr schnell, dass ihr Privatleben nichts in der Arbeitswelt zu suchen hatte, ebenso wenig wie Emotionen, Work-Life-Balance oder was einen sonst noch von der Arbeit ablenken könnte.

Und wie sieht die Welt heute aus? Flexible Arbeitsstunden und Work from Home, Unternehmen bieten Meditations-

und Yogakurse für ihre Mitarbeiter an. Zuckerberg trug schon immer Adiletten, aber mittlerweile tritt auch Mathias Döpfner öfter mal im Sweatshirt statt Anzug und Krawatte auf. Auch bei Apple interessiert es eigentlich niemanden, wie du rumläufst, Hauptsache, du bist gut in dem, was du tust. Dabei sind diese Äußerlichkeiten eigentlich nur ein sichtbares Zeichen für die kulturellen Veränderungen.

Die gesamte Wirtschaftswelt scheint sich in ihrem Auftreten, ihren Werten und ihren Prinzipien komplett zu verändern, und die Vorreiter dieser Bewegung sind meines Erachtens die Start-ups. Warum ist das so?

Ich denke, zum einen, weil die Menschen schlauer und selbstbewusster und ihre beruflichen Optionen transparenter und internationaler geworden sind. Die junge Generation macht nicht mehr alles um jeden Preis, sondern hat gelernt, die Dinge zu hinterfragen, und geht im Zweifelsfall woandershin, wenn ihr die Managementkultur nicht passt.

Zum anderen stellen sich auch die Unternehmen darauf ein, nicht nur um gute Mitarbeiter zu gewinnen und zu halten, sondern auch um in einer immer komplexer werdenden Welt wettbewerbsfähig zu bleiben. So dient eine offene Kultur nicht nur der Mitarbeitermotivation, sondern auch der Unternehmensinnovation, die heutzutage unerlässlich ist. Einem guten Chef folgt das Team nicht, weil es muss, sondern weil es will. Das ist ein großer Unterschied und setzt ganz andere Kräfte frei.

Wenn ich mich heute mit jungen Gründern treffe, wollen die vor allem zwei Dinge: „ihr eigenes Ding machen" und dabei idealerweise noch „die Welt verbessern". Natürlich streben sie insgeheim auch einen Multimillionen-Exit an und sie arbeiten dafür auch härter denn je. Aber wenn man sie vor die Wahl stellt „volles Konto" oder „erfülltes Leben", dann ist Letzteres im Zweifelsfall wichtiger.

Wenn du früher einem Studenten ein gutes Angebot gemacht hast, hat er alles dafür stehen und liegen lassen. Wenn du heute einem Studenten einen Top-Job in London beim wertvollsten Unternehmen der Welt und bei sehr guter Bezahlung anbietest, dann sagt der schon mal: „Nee, ich habe gerade einen neuen Freund in München und will nicht nach London." Genau so erlebt. Und warum? Weil er andere Optionen hat, weil er weiß, dass seine Zeit auf diesem Planeten begrenzt ist, und weil er die Dinge ganzheitlich betrachtet.

Ich war schon immer ein Verfechter von flachen Hierarchien, einem ehrlichen und offenen Umgang mit dem Team anstelle von Machtgehabe und politischen Spielchen. Natürlich ist es schwieriger, offen und ehrlich zu sein, Mitarbeiter einzubeziehen und deren Meinungen zu hören, als den Boss zu geben, einzuschüchtern und Top-down zu delegieren. Und ich war auch nie so naiv, nicht zu sehen, dass der alte Managementstil nicht nur leichter, sondern durchaus karrierefördernd sein kann. Am Ende war mir aber immer die Sinnhaftigkeit meines Schaffens für das übergeordnete Ziel, für das Unternehmen, das Produkt und das Team wichtiger als mein persönliches Ego.

Heute erkenne ich, dass sich ein neuer werte- und zielorientierter Managementstil in weiten Teilen durchgesetzt hat. Bei den erfolgreichen Start-ups bereits Standard und bei Corporates deutlich im Vormarsch. Begünstigt wird dieser kulturelle Wandel durch den technologischen Wandel, den unbegrenzten Wissenszugang und die globalen Möglichkeiten, die Absolventen heute haben.

Wenn du schon etwas länger im Berufsleben stehst, erstelle doch mal eine Liste und sortiere deine bisherigen Chefs in zwei Spalten ein. Du wirst schnell merken, wer für ein übergeordnetes Ziel arbeitet oder nur für seine eigene Karriere. Danke an meine bisherigen Chefs, die Werte vertreten haben, die stets die Sache über ihr eigenes Ego gestellt haben und bereit waren, dafür die Extrameile zu gehen. Ihr wart mir ein großes Vorbild.

Nun liegt es an der neuen Generation an Führungskräften, diesen Weg weiterzugehen und nicht nur das Beste für ihr Team und ihr Unternehmen, sondern auch für die Gesellschaft, unseren Planeten und unsere Nachfahren zu entscheiden. Im Zeitalter des digitalen Wandels tragen die Führungskräfte von heute eine extrem große Verantwortung. Ich glaube, wir sind hier auf einem sehr guten Weg.

Kennt ihr die Leute, deren Nasen fast die Wolken spalten?
Die nichts erleben, sich noch für richtig wichtig halten?
Das ist nicht drin, der Sinn so zu bleiben, wie ich

bin, ist nur geknüpft, wenn ich nicht in fremde Rollen schlüpf.

Sündikat
„Schöner Abend"

Es bedeutet mir nichts, der reichste Mann auf dem Friedhof zu sein. Abends ins Bett zu gehen und mir sagen zu können: Wir haben etwas Wunderbares geschaffen … das bedeutet mir was.

Steve Jobs

Verantwor-
tung

Die Entstehung der Menschheit wird allgemein um die 7,5 Millionen Jahre in der Vergangenheit datiert. Bei einer durchschnittlichen Lebenserwartung von aktuell 80 Jahren[30] entspricht also die anteilige Verweildauer eines Menschen auf diesem Planeten 0,00001 Prozent. Wenn ich jetzt Verweildauer durch Bedeutung ersetze und 0,00001 Prozent nahezu nichts ist, was bedeutet das? Richtig, die Bedeutung deines Lebens für diesen Planeten ist gleich null. Und sind wir mal ganz ehrlich, wen interessiert in 1000 Jahren noch Michael Jackson, Steve Jobs oder Barack Obama?

Die Erde wird sich weiterdrehen und bestimmt nicht auf dich warten. Auch ohne dich wird's weitergehen,
also nutze deine Chance.
Die Erde wird sich weiterdrehen, und du kannst sie nur verbessern.
Auch ohne dich wird's weitergehen. Die Erde wird sich weiterdrehen.

---

30 https://www.destatis.de/DE/Themen/Gesellschaft-Umwelt/
Bevoelkerung/Sterbefaelle-Lebenserwartung/_inhalt.html

Sündikat
„Die Erde wird sich weiterdrehen"

Bevor du dich jetzt aber gleich erschießt, hier der entscheidende Punkt: Nicht du hast eine Bedeutung für den Planeten, aber dein Leben hat eine Bedeutung für die Gesellschaft. Es verhält sich so ähnlich wie mit politischen Wahlen. Natürlich ist deine einzelne Stimme nicht entscheidend, aber es ist entscheidend, wem du sie gibst. Es ist entscheidend, für was du sie erhebst. Es ist entscheidend, was du damit machst. Und du kannst damit auch andere beeinflussen. In einer komplett vernetzten Welt sind die potenziellen Auswirkungen einer Stimme sogar größer als jemals zuvor. Meinungen werden rasend schnell verbreitet, potenziert und leider häufig auch missbraucht, sofern wir das zulassen. Etwas mehr mutige und ehrliche Meinungsäußerung kann dann sicher nicht schaden, um die Dinge im Gleichgewicht zu halten. Ein 16-jähriges Mädchen aus Schweden hat es geschafft, Millionen von Menschen jeden Freitag auf die Straße zu bringen, um sich für mehr Klimaschutz einzusetzen. Völlig unabhängig davon, was du von Greta Thunbergs Statements hältst, das ist beeindruckend.

Umso wichtiger, dass man sich hin und wieder seiner Verantwortung bewusst wird. Ein positiv denkender Kollege hat einen positiven Einfluss auf den Rest des Teams. Eine gute Führungskraft schafft neue gute Führungskräfte. Und auch die großen Tech-Companies wie Apple, Google,

Tencent oder Alibaba werden am Ende von Menschen geführt, die wiederum von den Wertvorstellungen anderer Menschen beeinflusst werden.

Wir alle tragen eine Verantwortung, in welche Richtung wir uns als Gesellschaft entwickeln möchten. Wir alle können beeinflussen, wohin die Reise gehen soll und ob Technologie der Gesellschaft am Ende schadet oder nützt. Im Kontext der App-Entwicklung bedeutet das, konkret Anwendungen zu erschaffen, die die Menschen schlauer, gesünder oder glücklicher machen und nicht dümmer, dicker und depressiver. Auch mit Letzterem lässt sich Geld verdienen, aber es ist nicht richtig.

Die Brüder Maxim und Raphael Nitsche suchten im Alter von 14 und 15 Jahren nach einer Lösung, Schülern die Mathenachhilfe zu ersparen. Sie entwickelten 2013 die App Math42 und verkauften die Technologie vier Jahre später für zwölf Millionen US-Dollar an den amerikanischen Bildungsanbieter Chegg.

Sebastian Stricker und Massimiliano Costa arbeiteten für die Vereinten Nationen (UN) und suchten nach einem innovativen Weg, den Welthunger zu beenden. Sie erschufen die App ShareTheMeal, über die bis heute über 51 Millionen Mahlzeiten mit Kindern in Not geteilt wurden.

Der von Diabetes betroffene Frank Westermann tat sich 2012 mit seinen Co-Foundern Gerald Stangle, Fredrik Debong und Michael Forisch zusammen, um eine Herzensangelegenheit zu lösen: „Make diabetes suck less." Mit der App mySugr schuf er eine appbasierte Lösung, die das Leben von Millionen von Menschen mit Diabetes erleichtern sollte. 2017 übernahm der Pharmakonzern Roche mySugr für einen dreistelligen Millionenbetrag.

Dies sind nur drei Beispiele von Apps, deren Macher eine Vision hatten und diese überaus erfolgreich in die Tat umgesetzt haben. Und es muss auch nicht immer die „App für den guten Zweck" sein. Selbst wenn ihr überhaupt keine Ambitionen habt, irgendwelche Fußspuren zu hinterlassen, dann nutzt zumindest die Zeit, die euch hier geschenkt wurde, positiv. Wenn ihr am Ende eurer Tage sagen könnt: Ich war kein Arschloch. Ich hatte einen positiven Einfluss auf meine Kinder, meine Kollegen, mein Umfeld. Ich habe Werte vertreten und dabei Wert geschaffen. Dann habt ihr einen positiven Beitrag geleistet. Völlig unabhängig davon, ob ihr App-Entwickler oder Flaschensammler seid. Wenn alle das täten, dann müssten wir uns über unsere Zukunft keine Sorgen machen. Ganz einfach. Eigentlich.

Danke

Zuallererst möchte ich der wichtigsten Person in meinem Leben danken, meiner Frau. Liebe Sima, als ich gesagt habe, dass ich ein Buch schreibe, hieltst du mich für total bescheuert. Hast dann aber trotzdem akzeptiert, dass ich plötzlich nicht nur in der Woche, sondern auch noch an Wochenenden „nicht brauchbar" war. Hierfür, aber auch für alles, was wir in den letzten 15 Jahren zusammen gemeistert haben, möchte ich dir von ganzem Herzen danken. Ich bin verdammt stolz auf dich und zutiefst dankbar. Ohne Ende!

Bedanken möchte ich mich außerdem bei meinen Eltern, die mir ein paar wichtige Dinge mit auf den Weg gegeben haben. Nicht nur, dass ihr meine eigenwilligen Entscheidungen wie „Ich werde Rapper" oder „Ich kündige meinen Beraterjob und fange bei null an" akzeptiert habt. Ihr habt mir sogar noch Geld dafür gegeben. Vielen Dank dafür. Ihr habt euren positiven Beitrag auf dieser Welt definitiv schon geleistet. Aber bitte bleibt trotzdem noch hier, solange es geht, okay?

Danke an meine beiden Töchter für die vielen schönen Momente (und die ebenso vielen nervigen 😄), die mein Leben so lebenswert machen. Und Extradank an Louisa für die Social-Media-Beratung. Man muss immer die Leute fragen, die sich am besten mit etwas auskennen.

Danke an Gila, Moni und Richard, dass ihr immer für mich da wart.

Herzlichen Dank an das beste App Store Team der Welt und an die vielen internationalen Freunde, mit denen ich zusammenarbeiten durfte. Ihr werdet mir alle fehlen. Und last, but not least geht mein Dank an Steve (R.I.P.), Tim, Phil und Eddy, ohne deren Inspiration dieses Buch nicht möglich gewesen wäre.

An all die guten Menschen da draußen, die Visionäre, die Vorbilder, die Gründer, die Helfer, die Mutigen. Ihr seid es, die diese Welt zu einem besseren Ort machen. Keep doing what you do!

Über mich

Ich freue mich über dein Feedback und jeden Post, wenn du das Buch gelesen hast. Du findest mich auf Instagram und LinkedIn.

Instagram: Suche nach Tom Sadowski oder eltomito
LinkedIn: Suche nach Tom Sadowski
Hashtag: #appstoreconfidential

Mehr über mich und meine Arbeit findest du auf meiner Website:

www.tomsadowski.de

Klimaneutral
Druckprodukt
ClimatePartner.com/12752-1803-1001

Zum Ausgleich für die entstandene CO_2-Emission bei der Produktion dieses Buches unterstützen wir die Erhaltung und Wiederaufforstung des Kibale Nationalparks in Uganda. Das Projekt trägt zum Klimaschutz bei, indem die Bäume bei der Fotosynthese Kohlenstoff aus der Luft binden, es schützt die Biodiversität des tropischen Waldes und sichert 260 Arbeitsplätze.

Bibliografische Information der Deutschen Nationalbibliothek
Die Deutsche Nationalbibliothek verzeichnet diese Publikation in der Deutschen Nationalbibliografie; detaillierte bibliografische Daten sind im Internet über http://dnb.d-nb.de abrufbar.

2. Auflage 2020
Copyright © 2020 Murmann Publishers GmbH, Hamburg

Druck und Bindung: Steinmeier GmbH & Co. KG, Deiningen
Printed in Germany

ISBN 978-3-86774-642-7

Besuchen Sie uns im Internet: www.murmann-verlag.de
Ihre Meinung zu diesem Buch interessiert uns!
Zuschriften bitte an info@murmann-publishers.de
Den Newsletter des Murmann Verlages können Sie anfordern unter newsletter@murmann-publishers.de